JN300930

ONE PLATE OF SEASONS
四季の皿

冷水希三子

anonima st.

皿の中には、自分だけが知っている楽しみがある。

誰もが記憶の中に根ざした好きな味、食感、香り、色合いを持ち
ほっとしたり、うっとりしたりする。

おかずを食べてはひと口ご飯をすすめたり
焼いた魚にたっぷりと大根おろしをつけたり、
いつもは知らず知らずのうちに感じ、
頭と手を動かして
自分の味に変えて食べている。

好きな人と囲むごはんの時間には、
それぞれの違う皿の中に美味しさや楽しさを発見し、
自分だけの「唯一の皿」に新しい記憶が加わる。

ここからはじまる料理は、
料理する人が仕上げる料理ではなく、
おかずやソースを混ぜて、
食べる人の皿の中で完成する料理です。

One Plate of Seasons
もくじ

皿の楽しみ方 ……………………………… 003
このレシピに共通のこと ………………… 008

	Menu	Recipes

冬の皿 ……………………………………………………………………… 011 …… 029
　モッツァレラチーズとりんごのグリル ………………………… 012 …… 030
　葉っぱのサラダ ……………………………………………………… 015 …… 032
　赤キャベツ、紫花豆、黒米のマリネ ………………………… 016 …… 034
　紅芯大根のマリネ …………………………………………………… 017 …… 035
　焼いたかぶ …………………………………………………………… 020 …… 036
　ロマネスコの蒸し煮 ………………………………………………… 021 …… 037
　豚肉と長ねぎの香り蒸し …………………………………………… 024 …… 038
　チーズのリゾット …………………………………………………… 026 …… 040
　パンナコッタ いちごのソース、ローズマリーとバルサミコの香り …… 027 …… 041

	Menu	Recipes

春の皿 ……………………………………………………………………… 043 …… 059
　半熟卵とチーズのソース …………………………………………… 044 …… 060
　人参とレンズ豆のサラダ …………………………………………… 045 …… 061
　新じゃがと筍のサラダ ……………………………………………… 046 …… 062
　焼きアスパラとルッコラ …………………………………………… 047 …… 063
　空豆のニョッキ ……………………………………………………… 050 …… 064
　えんどう豆と春キャベツの蒸し煮 ………………………………… 051 …… 066
　チキンスープ ………………………………………………………… 052 …… 067
　スペアリブ …………………………………………………………… 054 …… 068
　バナナとローズマリーのシフォンケーキ ………………………… 058 …… 069

	Menu	Recipes
夏の皿	071	087
ヨーグルトアイス	072	088
桃と生ハム	073	089
夏野菜のグリルマリネ	074	090
フルーツトマトのオーブン焼き	075	091
カレーオイル	077	092
ガスパチョ	078	093
レンズ豆のマリネ	080	094
焼きパプリカ	080	095
ラムの香草スパイス焼き	082	095
焼き茄子のペースト	082	097
冷たいパスタ	084	098
メロンの寒天　バニラの香り	086	099

	Menu	Recipes
秋の皿	101	117
新米と塩	102	118
焼きれんこん	103	119
きのこと栗の香り煮	104	120
秋刀魚の焼き浸し	106	121
洋梨のコンポート	110	122
焼いた鴨と赤いソース	113	123
秋のミネストローネ	114	124
焼きチョコプリンとかぼちゃのソース	116	125

次の日の皿

冬の皿の次の日 　　　　　　　　　　　　　　　　　Menu 　Recipes

- 鶏とロマネスコ ……………………………………… 128 …… 136
- ポークリエット ……………………………………… 129 …… 136
- りんごのケーキ ……………………………………… 129 …… 137
- りんごとモッツアレラのオープンサンド ………………… 137
- 緑のドレッシング ………………………………………… 137
- ゆりねとれんこんのサラダ ……………………………… 137
- 牡蠣の緑蒸し ……………………………………………… 138
- ロマネスコのグラタン …………………………………… 138
- かぶの葉のオイスターソースかけ ……………………… 138
- かぶの葉の茶碗蒸し ……………………………………… 139

春の皿の次の日 　　　　　　　　　　　　　　　　　Menu 　Recipes

- 春キャベツのおかか胡麻和え ……………………… 130 …… 140
- 新じゃがのオーブン焼き ………………………………… 140
- 半熟卵とチキンの醤油漬け ………………………… 130 …… 140
- グリルチキンカレー ………………………………… 131 …… 141
- えんどう豆といかのトマト煮込み ……………………… 142
- 新じゃがと筍の春巻き …………………………………… 142
- フライドニョッキ ………………………………………… 142

夏の皿の次の日

	Menu	Recipes
鶏の夏野菜煮込み	132	143
あさりとレンズ豆のピラフ	132	143
とうもろこしのサブジ	132	144
ズッキーニと生ハムのスープ		144
桃とバナナのジャム　タイムの香り		145
レンズ豆のクレープ		145

秋の皿の次の日

	Menu	Recipes
秋刀魚と香菜の生春巻き	133	146
白豆腐のあんかけご飯	133	146
きのこと栗のパスタ	134	147
フレンチトースト		147
秋野菜のけんちんそば		148

買い物リスト　150
ワインリスト　154
取り寄せ先リスト　156

このレシピに共通のこと

一品からでも、コース仕立てでも
† この本で紹介するのは四季の素材を味わうコース仕立ての料理です。大皿に盛って各自のプレートに好きなだけ取り分け、思う存分、味の混じり合うのを楽しむというのは、家庭でだからこそできること。ひとつひとつのレシピは素材まかせ、鍋まかせのシンプルなものがほとんどですから、ぜひ一度、コースに挑戦してみてください。日常的な使い方として、日々の食卓に一品、この本から加えていただくという使い方ももちろんよいと思います。

レシピ中の「†」印のこと
† 料理の仕方にはそれぞれ自分なりの理由があると思います。この本ではそれぞれのレシピに「†」印で美味しさのコツ、私がそうする理由を書きました。そうする理由がわかると、料理をしていくなかで手応えを感じながら作り進められると思うからです。目で焼き色を見たり、手で素材と調味料がなじんでいく様子を感じたり、耳でジュージュー焼ける音を聞いたり……。そういうことが料理のいちばんの美味しさを作っているのだと思います。「†」の部分もぜひ一度目を通してから、料理をはじめてみてください。

買い物リスト、取り寄せ先のこと
† コース仕立てをできるだけ作りやすいように、巻末に買い物リスト（p.150〜153）を作りました。＊印ではより手に入りやすい代用可能なものを掲載しています。また、スパイスや調味料など、種類や地域によっては手に入りにくい場合があるものは、取り寄せ先リスト（p.156）も掲載しました。

料理をはじめる前に

料理をはじめる前に知ってほしい、この本のレシピに共通のポイントをまとめました。なかにはレシピではわざわざ書かない、何気ないちょっとしたこともあります。日々台所に立つときにふと思い出してやってみたら、こういう小さなことこそが美味しさの秘密だったんだ、といううれしい発見があればいいな、と思います。

計量のこと
† 計量の単位は小さじ1 = 5cc、大さじ1 = 15cc、1カップ = 200cc、1合 = 180ccです。

人数のこと
† レシピは特に記載のない場合は4人分です。それ以外はレシピ中に人数を記載しています。

調味料のこと
† オリーブオイルは風味がよく、油のくどさがないEXVオリーブオイルを使用しています（EXVオリーブオイルはオリーブの実のジュースなのです）。
† 塩はまろやかで旨味がある天然塩を使用しています。
† 砂糖は甘さにふくらみがあるきび砂糖を使用しています。
† バターは塩分が調整しやすい無塩バターを使用しています。有塩バターを使用するレシピには、その旨を記載しました。有塩バターがない場合は無塩バターに塩を加えて調整してください。
† 酢はレシピに応じて、白ワインビネガー、バルサミコ酢、米酢などを使用しています。また、シェリービネガーは白ワインビネガーでも代用可能です。

ハーブ、野菜のこと
† 葉もの野菜やハーブは洗ったあと、冷たい水に10分ほど浸して水あげをすると、元気になり、みずみずしさを取り戻します。水あげした野菜はキッチンペーパーで挟んでビニール袋に入れておけば、冷蔵庫で2日ほど生き生きとした状態を保つことができます。
† 「葉っぱのサラダ（p.015/032）」や「秋刀魚の焼き浸し（p.106/121）」など、生で葉もの野菜を食べる料理は、金気の香りを避け、野菜がつぶれないように包丁を使わず、手でちぎるとよいでしょう。
† 皮ごと使う野菜は、できれば無農薬のものを選ぶとよいです。

素材を生かす「蒸し煮」「蒸し焼き」
† この本では素材自身の水分だけ、あるいは最低限の水分で料理する「蒸し煮」「蒸し焼き」という方法をよく使います。蓋の裏についた水滴も美味しいので、蓋をとるときは水滴をこぼさないように、そっと鍋の中に落としてください。素材の旨味がぎゅっと味わえる調理法です。

オーブンのこと
† 本書ではガスオーブンを使用しています。電気オーブンの場合の温度は（　）内に記載しました。オーブンの設定温度、仕上がり時間は機種によって多少の違いがありますので、目安と考えてください。

グリルパンのこと
† この本ではグリルパンを使用するレシピがたびたび登場します。焼き目も味なので、グリルパンで焼く美味しさをぜひ味わってほしいと思いますが、グリルパンがない場合は、魚焼きグリルなどを使っても美味しくできます。

塩味は控えめです
† この本の料理は、料理する人が仕上げる料理ではなく、食材やソースを混ぜて、食べる人の皿の中で完成する料理です。そのため塩味は控えめになっています。テーブルに塩を置いて、各自の好みに合わせて調整できるようにしてください。

冬の皿
One Plate of Winter

Menu

モッツァレラチーズとりんごのグリル

葉っぱのサラダ

赤キャベツ、紫花豆、黒米のマリネ

紅芯大根のマリネ

焼いたかぶ

ロマネスコの蒸し煮

クスクス

豚肉と長ねぎの香り蒸し

チーズのリゾット

パンナコッタ
いちごのソース、ローズマリーとバルサミコの香り

モッツァレラチーズとりんごのグリル

P.030

ONE PLATE OF WINTER   013

014

One Plate of Winter 015

葉っぱのサラダ

P.032

赤キャベツ、紫花豆、黒米のマリネ

P.034

紅芯大根のマリネ

P.035

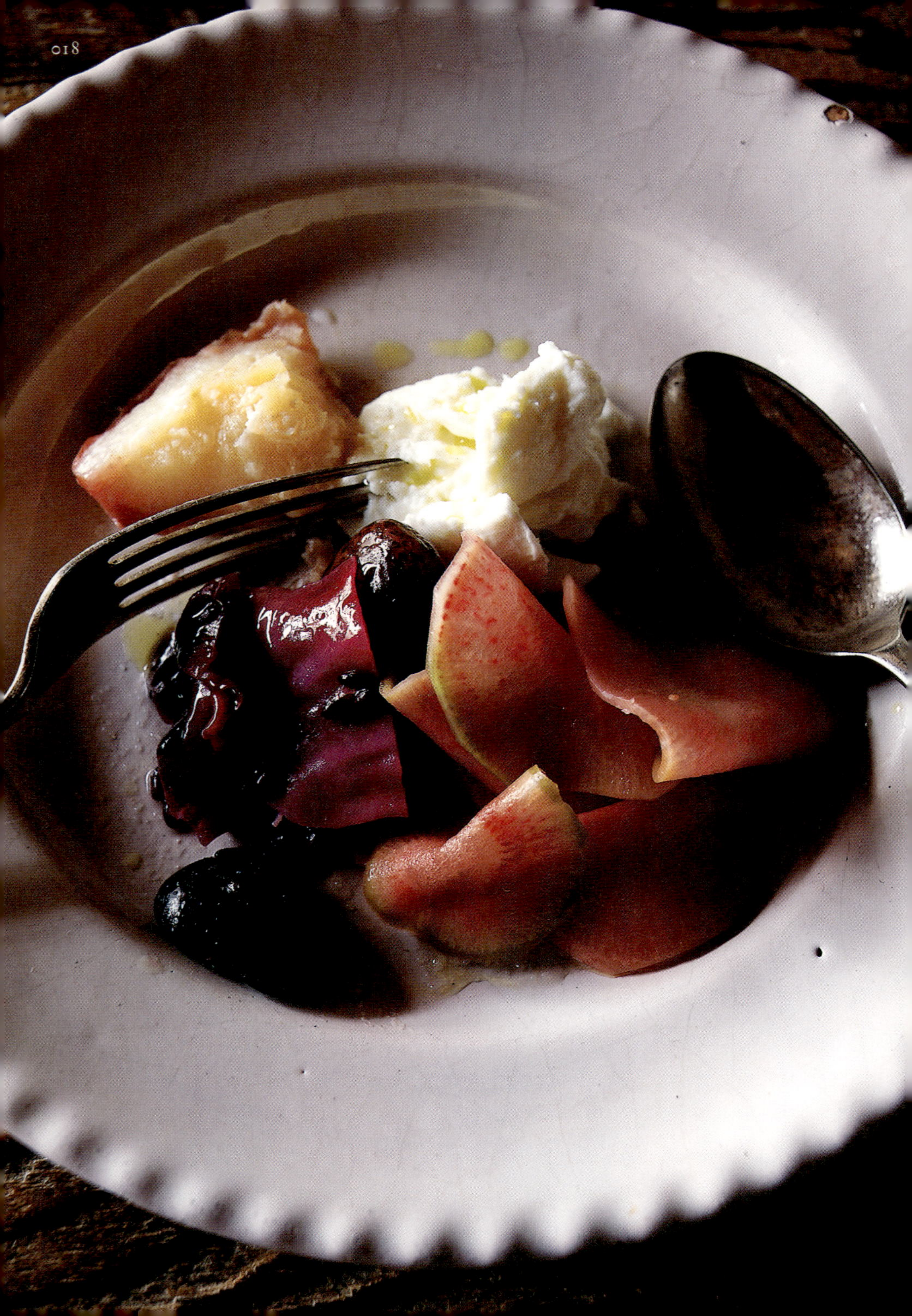

ごはんを作るとき、皿に盛るとき
食べはじめて、はっと気付く瞬間に出会えたとき
なんて、自然の恵みって美味しくて、キレイなんだろうと
ウットリ見つめてしまい皿の虜になってしまう。

皿の白に真っ白なモッツァレラ……
そこに野菜の色が混ざり合って
絵の具を紙に落としたみたい……と。

一枚の皿の中に、自分だけの冬の色や味わいを見つけてほしい。
きっと冬の恵みに出会えるはず……。

焼いたかぶ

P.036

One Plate of Winter   021

ロマネスコの蒸し煮

P.037

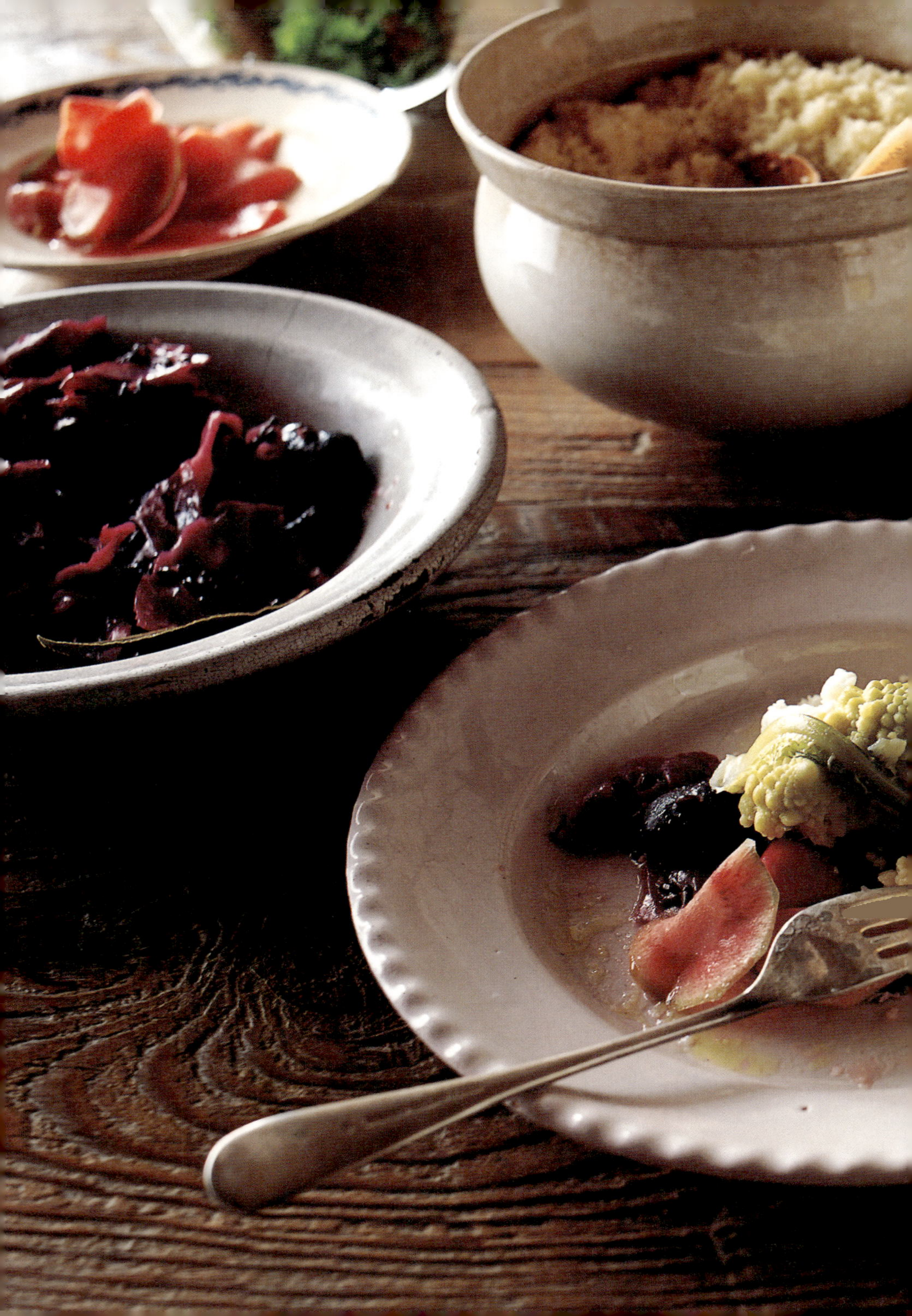

One Plate of Winter 023

豚肉と長ねぎの香り蒸し

P.038

ONE PLATE OF WINTER 025

チーズのリゾット

P.040

One Plate of Winter 027

パンナコッタ
いちごのソース、ローズマリーとバルサミコの香り

P.041

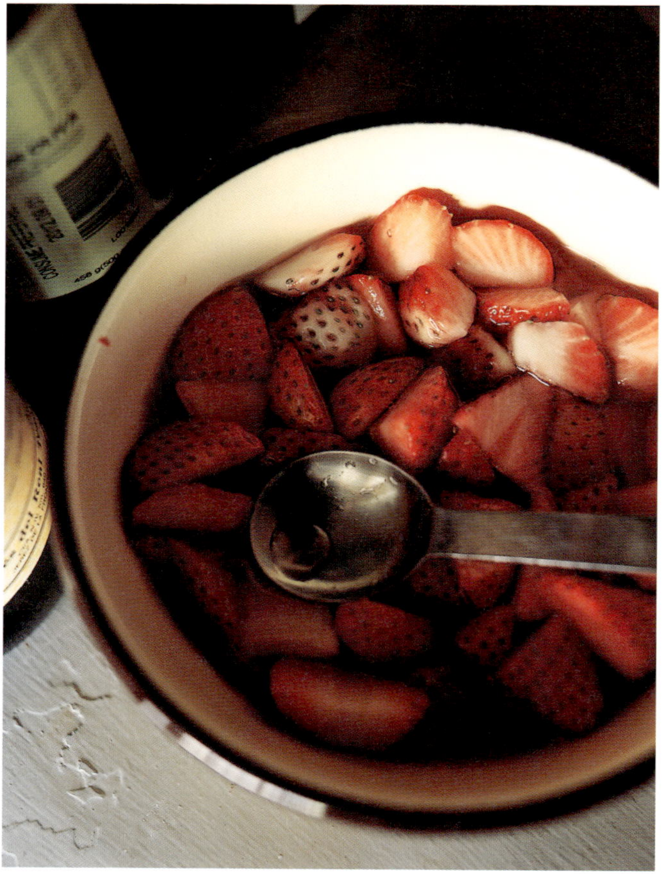

RECIPES

「冬の皿」

モッツァレラチーズ P.012

ただただ白い。

材料

モッツァレラチーズ（できれば水牛の乳のもの）……適量
EXVオリーブオイル……適量

作り方

モッツァレラチーズの水分を拭き、手で適当な大きさにちぎり皿に置く。EXVオリーブオイルを回しかける。

ポイント

† モッツァレラチーズを手でちぎると、ちぎった部分に味がしみ込みやすい。つるっとした部分とのコントラストが味に深みを出す。

りんごのグリル P.013

絵のようなりんごが鍋に入り、次に姿をあらわすと
鍋の中のスパイスの香りと一緒にその実をじっくり煮くずされ
赤い皮の色は絵から料理へと変わった。
とろっとした果肉を、モッツァレラチーズや豚肉のソースとして食べるのもよい。

材料
紅玉……3個
有塩バター……大さじ2〜3（室温に戻しておく）
砂糖……大さじ1
レモン汁……大さじ1/2
シナモンスティック……3本
水……30〜50cc

作り方
紅玉の芯を底が抜けないように気をつけながらくりぬく。
くりぬいた穴にバターを詰め、タジン鍋や厚めの鍋に移す（これからの作業で鍋に材料が落ちてもよいように）。
それぞれのバターの上に砂糖、レモン汁をかけシナモンスティックを差し込む。
鍋の大きさに合わせてうっすら底全体に水がはっている程度に水加減する。蓋をして（シナモンスティックが長い場合は切る）弱火で30〜40分蒸し焼きにする。

ポイント
† 有塩バターがない場合は塩を少しふる。塩が入ると甘いだけではなくおかずに寄り添う。
† 砂糖にかかるようにレモン汁をかけると砂糖がこぼれにくい。

葉っぱのサラダ　　　　　　　　　　　　　　　　　　　　　　　　　　　P.015

緑の中にいろいろな色の緑がある。
いろいろな香りと味の葉っぱに、甘みと酸味を持っている果実が混ざり、
具となり、ドレッシングの一部となる。
その柔らかいサラダにくるみの歯ごたえや酸味を抑えるコクが加わる。
たまにあたる塩がまた次の箸をすすめる。

材料

いろいろなサラダにむいている葉っぱ……両手のひらに山盛り
（マスタードリーフ、ルッコラ、わさび菜など、ぴりっとしたものも数種混ぜると美味しい）
キウイフルーツ……1〜2個
生くるみ……10粒くらい
シェリービネガー……小さじ1（なければ白ワインビネガー）
レモン汁……小さじ1
EXVオリーブオイル……大さじ2
粗塩……適量

作り方

サラダ野菜を洗い、冷たい水に10分ほど浸し、柔らかい部分だけを手でひと口大にちぎり、よく水気を拭く。キッチンペーパーを敷いたビニール袋に入れて口を閉じ、冷蔵庫で30分以上置いておく。
くるみは150℃（170℃）のオーブンで10分ほどローストし、1cm程度に割る（オーブンがなければ、弱火にかけたフライパンでから煎りするとよい）。
ボウルにサラダ野菜、2cmぐらいの乱切りにしたキウイフルーツ、シェリービネガー、レモン汁を入れ、両手で柔らかく和える。
ボウルのふちからEXVオリーブオイルを入れ、両手で軽く和える。
器に盛り、くるみと粗塩を適量かける。

ポイント

† サラダ野菜は1種類より数種混ぜるほうが噛むにつれて味と香りのふくらみが楽しい。

† 空気と一緒にサラダを食べると香りがふくらむので柔らかい部分だけを使い、かたい部分は他の料理に使う。

† サラダ野菜を手でちぎるのは、包丁の金気の香りを避けるのと、野菜がつぶれないようにするため。

† サラダ野菜はビニール袋に入れた状態であれば、冷蔵庫で2日ほど生き生きとしている。

† くるみは、低温で焼くことで甘みと食感が加わる。焼いてから少し冷ますとかりっとした食感になる。

† 先にビネガー、レモン汁で野菜の味付けをしてからEXVオリーブオイルで和える。味の濃い野菜は必ずしも塩味が必要ではないので、あとから美味しい塩をところどころにかけるぐらいがよい。

† 手で空気を含ませるように軽く和えることで、ふんわりしたサラダになる。

† キウイフルーツは具でもあるが、一緒に和えることでサラダの酸味、甘みの調味料にもなっている。

赤キャベツ、紫花豆、黒米のマリネ　　　　　　　　　　　　　　P.016

ゆでているときの香り。
黒く滋味深い豆と米が紫のキャベツと酸味に出合い、
はっとする色へと変わる。

材料

赤キャベツ……1/4個
紫花豆（乾燥した状態で）……50g
黒米……30g
ローリエ……生なら2枚、乾燥なら1枚
塩……適量
A｜白ワインビネガー……大さじ1と1/2
　｜レモン汁……大さじ1
　｜砂糖……10〜15g
　｜塩……2g
EXVオリーブオイル……大さじ2

作り方

紫花豆は、ひと晩3倍量の水につけて戻しておく。
鍋に紫花豆とつけていた水を入れ中火にかける。
沸騰してアクが出てきたら、ゆでこぼす。この作業をもう一度くり返す。
ローリエを入れて、弱火にし、少しずらして蓋をして、柔らかくなるまで1時間ほど煮る。途中水が少なくなり、豆が湯の上に出るようなら水を足しながら煮る。
火を消す5分前に塩をひとつまみ入れ、火から鍋を下ろす。粗熱がとれるまでそのまま置いておく。
黒米はたっぷりの湯に塩少々を入れて20分ほどゆで、ザルに上げて水を切っておく。
赤キャベツは3cm大くらいに手でちぎり、2%ほどの塩を入れた湯でサッと湯通しをして、温かいうちに水気を拭いておく。
ボウルにAを入れ、砂糖と塩が溶けるまで手で混ぜたら赤キャベツを入れてよく和え、EXVオリーブオイルを加え混ぜたら、紫花豆と黒米を加えて和える。

ポイント

† 乾燥豆は浮いてくるので、落とし蓋をして、ぷっくりと元の姿に戻るまで水につけると、素直に柔らかくなる。
† 豆の煮終わりに塩を加えて、冷めていくときに塩味を含ませる。塩は豆の甘みが感じられる程度に。
† 黒米はたっぷりの湯でゆでると、粘りが出すぎず、サラダとして食べやすい。
† 赤キャベツは手でちぎることによって繊維が乱れ、味がしみ込みやすくなる。
† 和えるときやドレッシングを作るときは、手を使うと素材と素材がすんなり合わさる。
† 紫花豆はあえて煮汁をよく切らずに少し残すぐらいで和えると、マリネに豆の香りがつき、酸味も煮汁によって穏やかになる。さらに酸味を控えたいときは煮汁を少し加えて混ぜるとよい。
† 酸味の入り方は、赤キャベツは強めに、紫花豆と黒米は弱めにすると素材の美味しさが引き出される。

紅芯大根のマリネ　　P.017

ひらひらと野菜が皿に舞う。

材料

紅芯大根……1個
A ｜ 白ワインビネガー……小さじ2
　｜ レモン汁……小さじ2
　｜ 砂糖……5g
EXVオリーブオイル……適量

作り方

紅芯大根は薄く皮をむいて、横にスライスする。
重量の2%の塩（分量外）をもみ込み、30分〜1時間置いてザルに上げ、熱湯をかける。水気を絞り、Aで和える。EXVオリーブオイルを加え、混ぜる。

ポイント
† 皮は薄くむいたほうが微妙な野菜の色が楽しめる。
† ザルはできれば平たいほうが、熱気とともに水分が飛ぶのでよい。
† 盛りつけるときは空気が入るようにすると軽やかにきれいに見える。

焼いたかぶ　　　　　　　　　　　　　　　　　　　　　　　　　P.020

冬の寒さを土の中でじっくり耐えている
かぶの力強く優しい甘みが口の中に溢れる。

材料
かぶ……4個
EXVオリーブオイル……大さじ1
粗塩……ひとつまみ

作り方
かぶは少し軸を残して葉を切り落とし、皮ごと縦半分に切る。
オーブンの天板にオーブンペーパーを敷き、かぶの切った面が下になるように置いて、上からEXVオリーブオイルを回しかけ、粗塩をふる。180℃（200℃）に予熱しておいたオーブンで、20～30分皮に少し焦げ目がつくまで焼く。

ポイント
† 野菜は、自分を守り成長するために皮（人間でいう皮膚）の中に水分を溜めている。
† 美味しい野菜汁を逃さず焼くには切った面を下にすると、天板とEXVオリーブオイルによって外気にふれず（しかも面が大きいので熱回りがよく）、上側は皮で守られ水分が逃げにくくなっているので、焼き上がったときにはかぶ自身の水分で蒸し焼きになり、口に入れると野菜の汁が溢れてくる。
† 少し軸を残すのは、見た目がよいのに加え、かぶの水分が逃げる道をなくすため。
† EXVオリーブオイルをかけてから粗塩をかけると、塩がオイルにガードされ、塩の浸透圧によって水分が抜けるのを防げる。

ロマネスコの蒸し煮 P.021

ひとつの野菜が鍋の中でゆっくり料理へと変わり
美味しいスープまでできあがる。
そのままでも、つぶしてスープと一緒にクスクスに混ぜつつ食べるも、
皿の上の自由。蒸し煮のなせる技。

材料

ロマネスコ……1株
水、EXVオリーブオイル、塩……各適量

作り方

ロマネスコは、水あげをする。1株丸ごと入る大きさの鍋に、軸の切り口を下にして入れる。
鍋底2cmくらいまで水を入れ、EXVオリーブオイルを2〜3周回しかけ、塩をひとつまみパラパラとふる。
中火にかけ、沸騰してきたら、蓋をして弱火にし、ロマネスコの鮮やかな色がくすんで暖かみを帯びた色になるまで30分ほど蒸し煮にする。

ポイント

† 丸ごと蒸し煮にすることで、ロマネスコの美味しさが逃げず、詰まった甘い味になる。
† 塩とEXVオリーブオイルと水の調味だけで驚くぐらい美味しいスープができあがるので、皿に盛るときにはスープも一緒に入れる。
† ロマネスコが手に入らないときはカリフラワーでもよい。
† できあがりに蓋をとるときは、蓋についている水滴も美味しいスープなのでこぼさないように鍋の中に落とす。

豚肉と長ねぎの香り蒸し ……P.024

豚肉がねぎとハーブの香りをまとい、
水には豚肉の旨味とねぎの甘みが滴り落ちスープとなる。
豚肉とスープをつないでいるねぎはいい塩梅である。

材料
（直径22cmのタジンまたは厚手の鍋使用）
豚肩ロースブロック……500g
塩……小さじ1/2
胡椒……適量
長ねぎ……3本
レモンスライス……2枚
ローリエ……生なら2〜3枚、乾燥なら1枚
タイム……10本
水……120cc
EXVオリーブオイル……大さじ2

作り方
豚肉は表面を流水で洗い流して水気を拭き、塩と胡椒をもみ込んで30分置く。
鍋にEXVオリーブオイル大さじ1を入れ、中火で下味をつけた豚肉の表面を焼いて取り出す。
いったん火を消して、鍋の油を拭きとり、鍋の大きさに合わせて切ったねぎを入れる。取り出しておいた豚肉をのせ、その上にレモンスライス、ローリエ、タイムをのせて水を入れ、EXVオリーブオイル大さじ1を回しかけて火にかける。沸騰したら蓋をして弱火にし、20分蒸し煮にして、火を止めて20分蒸らす。
蓋をとり、豚肉を取り出して1cm幅に切り、ねぎと一緒に器に盛る。

ポイント
† 豚肉の表面を洗い流すのは、外気にふれて酸化して出てきた臭みのある肉汁をとるため。切りたてならば不要。

† 焼く前に豚肉の表面の水分を拭きとってから焼くと、油がはねない。
† 豚肉を焼いて取り出したあと、油を拭きとるのは長い時間熱せられ、酸化した油を拭きとるためで、鍋底に付いている焼き跡は旨味になるので拭きとらなくてもよい。
† 火を止めて蒸らすのは、暴れている肉汁を落ち着かせ、切り分けたときに肉汁がこぼれ出ないようにするため。
† ねぎを切るときに出るスープ、肉汁はクスクスに混ぜても美味しい。
† 豚肉に好みで、粗塩をかけると旨味が増す。
† 前出の「りんごのグリル（p.013/031）」や、粒マスタードをつけても美味しい。

チーズのリゾット　　　　　　　　　　　　　　　　　　　　　　　　P.026

簡単にいうと雑炊であるが、チーズとオイルの風味のおかげで
リゾットという名を借り、鍋の中の空気までもすべてが最後にひとつになる。

材料

「豚肉と長ねぎの香り蒸し（p.024/038）」のスープ＋水……200cc
ご飯……軽く茶碗1杯分
塩……適量
パルミジャーノ・レジャーノ（すりおろす）……15g
EXVオリーブオイル……適量

作り方

スープに水を足して200ccにする。中火にかけて塩味を調え、ご飯を入れてかき混ぜる。
少しスープが残るくらいまで、2〜3分煮て火を消し、パルミジャーノ・レジャーノを入れてよくかき混ぜる。
器に盛り、EXVオリーブオイルを回しかける。

ポイント

† ご飯は温かいくらいがよい。
† 塩味はあとでチーズが入ることを想像しながら調える。
† 少し水分が残るくらいにしておくと、できあがりがさらっとして食べやすい。
† 器はあらかじめ温めておいたほうが、チーズが固まりにくく、温かく食べられる。

パンナコッタ いちごのソース、ローズマリーとバルサミコの香り ……… P.027

白と赤、冬の色、冬でも強く凛としているローズマリー、
待ち遠しい暖かな春を感じる。

材料

生クリーム……200cc
牛乳……100cc
砂糖……13g
バニラビーンズ……1/4本（ない場合はバニラエッセンス少々）
板ゼラチン……2.5g
いちご……100g
A｜砂糖……15g
　｜白ワイン……50cc
　｜レモン汁……小さじ1
ローズマリー……4本
バルサミコ酢……適量

作り方

いちごのソースを作る。
Aを小鍋に入れ、火にかける。砂糖が溶けたら火から下ろし、ボウルに入れて冷ます。
2cmほどの乱切りにしたいちごを加え、1時間ほど冷蔵庫でマリネする。
パンナコッタを作る。
板ゼラチンは氷水で戻しておく。バニラビーンズはさやをこそげて出しておく。
鍋に生クリーム、牛乳、バニラビーンズとそのさや、砂糖を入れて弱火にかけ、ぷくぷくしてきたら（70℃くらい）火を止める。戻した板ゼラチンの水気を切って鍋に入れ、かき混ぜながら溶かす。ザルでボウルに漉し、氷水の入ったボウルにあてて、混ぜながら冷ます。粗熱がとれたら器に入れ、冷蔵庫で1〜2時間ほど冷やしかためる。

マリネしておいたいちごをソースと一緒に上にかける。バルサミコをつけたローズマリーでいちごを軽く叩いて香りを移しながら食べる。

ポイント
† パンナコッタはイタリア語で「生クリームを煮た」という意味。ゆっくり弱火で煮てバニラの香りを移す。
† 板ゼラチンを戻すときは氷水にすると溶けない。
† バニラビーンズは縦に切り目を入れてスプーンなどで中の種をこそげて取り出す。
† 板ゼラチンは沸騰したところに入れるとかたまる力が落ちてしまうので注意する。
† 粗熱をとるときは、かき混ぜると乳成分独特の膜が張らない。
† バルサミコの酸味とコク、ローズマリーを叩きなでることで起き上がる香りが、いちごとミルクの甘さを引き立てる。
† バルサミコの熟成年数が短く、酸味が強すぎる場合は、小鍋に入れて弱火にかけて少し煮詰めると熟成したバルサミコに近づく。

春の皿
One Plate of Spring

Menu

半熟卵とチーズのソース

人参とレンズ豆のサラダ

新じゃがと筍のサラダ

焼きアスパラとルッコラ

空豆のニョッキ

えんどう豆と春キャベツの蒸し煮

チキンスープ

スペアリブ

バナナとローズマリーのシフォンケーキ

半熟卵とチーズのソース

P.060

ONE PLATE OF SPRING   045

人参とレンズ豆のサラダ

P.061

新じゃがと筍のサラダ

P.062

焼きアスパラと
ルッコラ

P.063

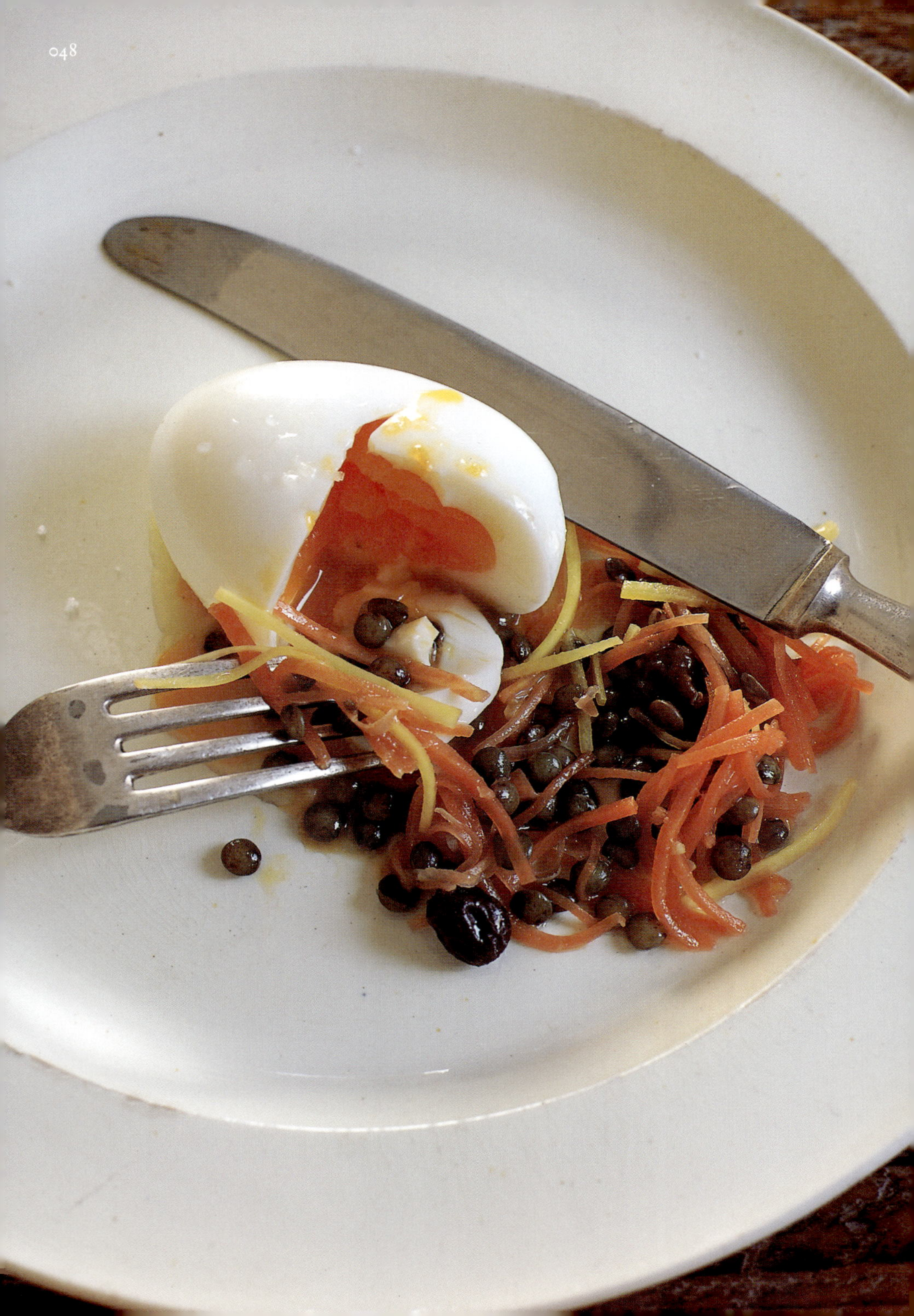

One Plate of Spring 049

空豆のニョッキ

P.064

One Plate of Spring　051

えんどう豆と春キャベツの蒸し煮

P.066

チキンスープ

P.067

白い　と思っていた　世界
ぱーっと　明るくなった

春の　やさしい野菜の
甘さ　香り
まとめて
ひと口　ひと口
かむ
音が　違うのも
楽しい

皿の中の　混ざり合った
ソースを　パンで
すくいとる
皿は　白くなるけど
パンに恵みがつまる
おいしい

澄んだスープは
いろんなものを
包んでくれる

決して　個性をこわさず
大きな包容力で
包んでくれる

スープと食べる
また　違う味を
楽しませて　くれるだろう

すべて　ゆだねる

スペアリブ

P.068

ONE PLATE OF SPRING   055

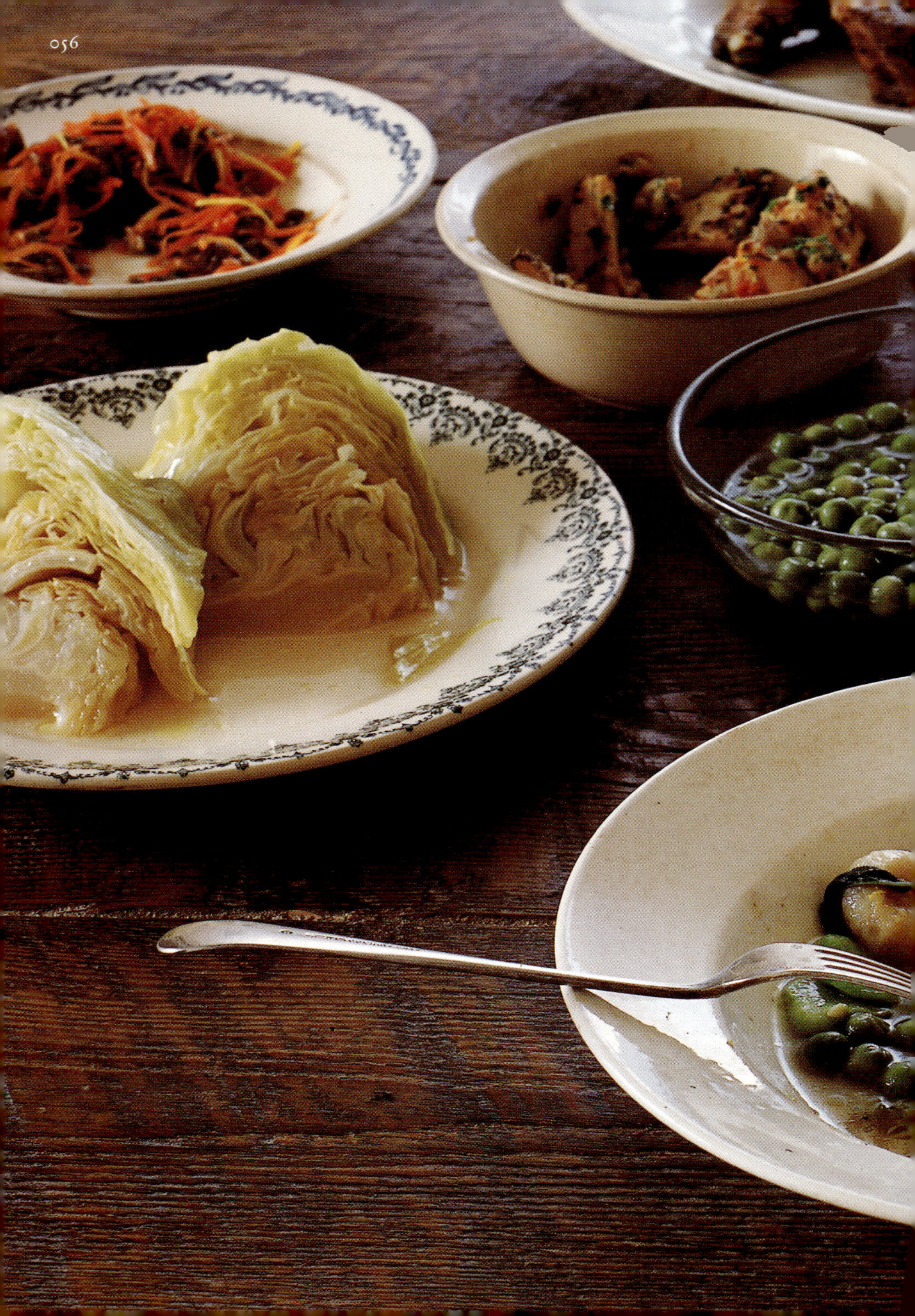

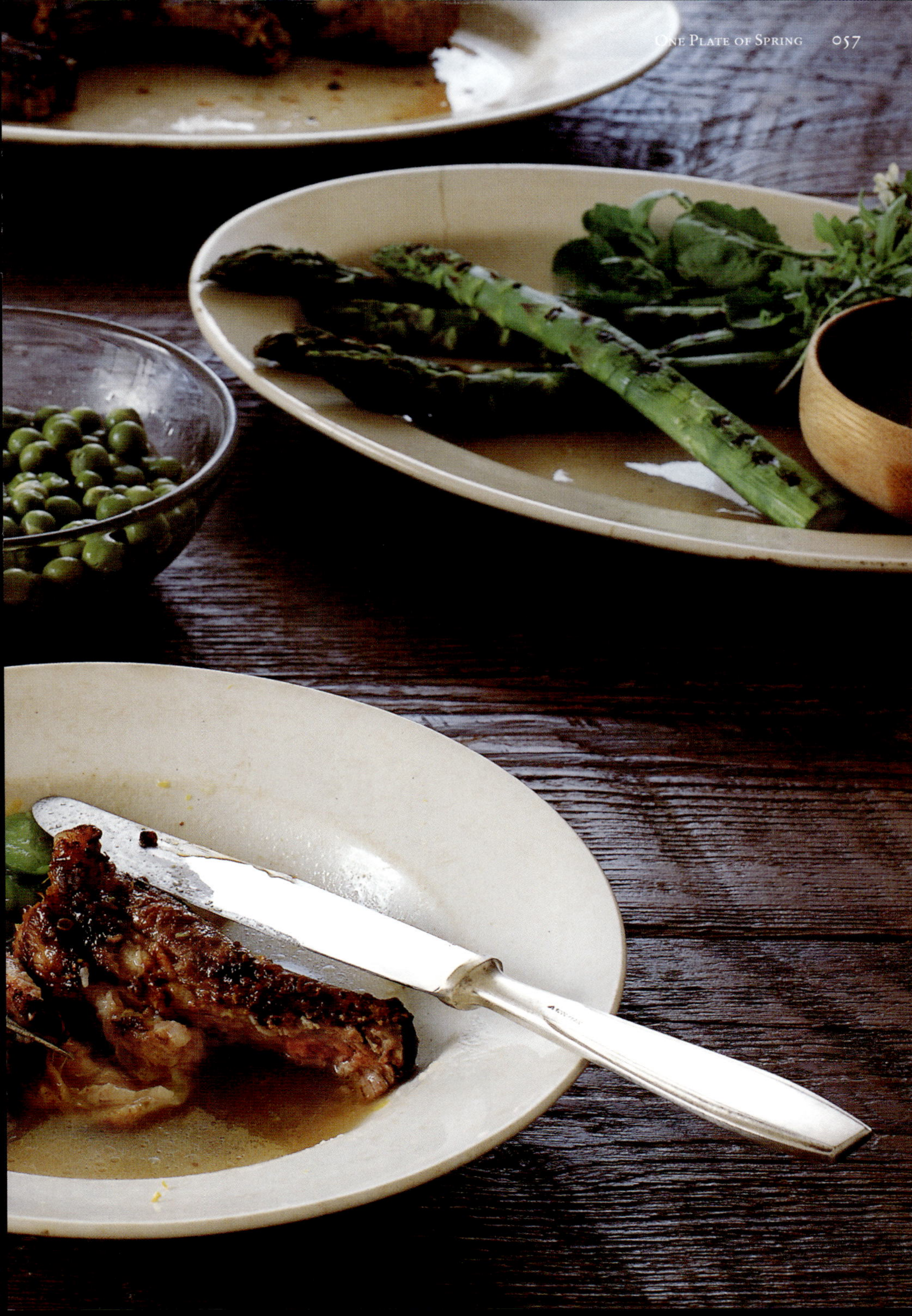

バナナとローズマリーの
シフォンケーキ

P.069

Recipes

「春の皿」

半熟卵とチーズのソース P.044

白い卵からはっとさせられる黄色いソースが溢れ、
チーズのソースが交わると自分好みのマヨネーズが仕上がる。

材料
卵……好きなだけ
チーズのソース
　　パルミジャーノ・レジャーノ……20g
　　EXVオリーブオイル……大さじ4
　　白ワインビネガー……小さじ1/4

作り方
卵は調理前に常温に戻しておく。
塩（分量外）を入れた熱湯で6分ゆでてすぐに氷水につけて冷やし、殻をむく。
パルミジャーノ・レジャーノはすりおろし、EXVオリーブオイルと白ワインビネガーを加えて混ぜ合わせる。
できあがったソース大さじ1/2を皿の真ん中に置き、上に卵をのせる。

ポイント
† 卵を常温に戻すのとすぐに氷水につけるのは、ゆで時間を正確にしてほどよく半熟にするため。
† パルミジャーノ・レジャーノは他の材料と合わせる直前にすりおろすことで空気にふれる時間が短くなり、風味豊かなソースになる。
† 食べるときに好みで卵に粗塩を少しかけると卵の甘みが立つ。

人参とレンズ豆のサラダ ……………………………………………………… P.045

そのままでも、黄色いソースを合わせても。
気分次第で違う味わいのサラダになる。

材料

人参……1本
塩……小さじ1/4
レーズン……15g
レンズ豆……60g
A｜甘夏のしぼり汁……大さじ2
　｜白ワインビネガー……大さじ1
　｜塩……小さじ1/5
EXVオリーブオイル……大さじ2

作り方

レーズンは熱湯につけ、柔らかく戻しておく。
レンズ豆は6倍量の水で水からゆでる。沸騰してから20〜30分、柔らかくなるまでゆで、塩をひとつまみ（分量外）入れたら、冷めるまで置いておく。
人参は5cm長さの千切りにしてボウルに入れ、塩をもみ込み、30分ほど置いておく。
別のボウルにAを合わせて手で混ぜ、塩が溶けたところでEXVオリーブオイルを加えて混ぜる。
Aのボウルに戻したレーズン、水気を切ったレンズ豆を加えて混ぜる。
人参の水気を両手で絞り、先ほどのボウルに加えたら、1時間以上置いて、味をなじませる。

ポイント

† レーズンは先に戻しておくことで、できあがったサラダの水分をレーズンが吸いとることなく、みずみずしく仕上がる。
† 人参に塩をするのは、下味をつけるためと、人参の水分を抜いて他の調味料の味が入りやすいようにするため。

† 最初は人参らしい味のサラダが、時間が経過するとともにレーズンの甘み、レンズ豆のコクが溶け出し、一体感のあるサラダに変化していく。

新じゃがと筍のサラダ　P.046

黄色いソースと合わさると、ニースのサラダを想う。

材料

新じゃがいも……250g
ゆで筍……150g
A｜アンチョビフィレ……2切れ
　｜ドライトマト……15g
　｜塩漬けケーパー……小さじ1
　｜レモンの皮……1個分
　｜パセリ……1株
白ワインビネガー……小さじ1
EXVオリーブオイル……大さじ5
粗塩……適量

作り方

ドライトマトは湯につけて戻しておく。塩漬けケーパーは塩を洗い流す。
Aの材料をすべてみじん切りにする。白ワインビネガー、EXVオリーブオイルをAのボウルに入れ、混ぜ合わせる。
新じゃがは泥を洗い、柔らかくなるまで蒸してひと口大に切る。
ゆで筍もひと口大に切り、焼き網などで焼き目をつける。
新じゃがと筍は熱いうちに先ほどのボウルに入れ、手で和える。
食べるときに粗塩をふる。

筍のゆで方

筍は外側の皮を2、3枚はがしたら、穂先を3cmほどななめに切り落とし、縦に深

さ1cmほどの切り目を入れる。

鍋に筍、かぶるぐらいの水、米ぬかひとつかみ、赤唐辛子を入れ、浮いてこないように落とし蓋をして火にかける。沸騰したら中火弱で30分ほどゆでて火を消し、ゆで汁の中で冷ます。

冷めたら取り出して、まわりの米ぬかを洗い流し、皮をむいてかたい部分を切り落として、水につけておく。

冷蔵庫に入れて水を毎日取り替えると3日ほどもつ。

ポイント

† 塩漬けケーパーがない場合は、酢漬けケーパーでもよい。

† 新じゃがは水分が多いので、ゆでるより蒸したほうが水っぽくならない。

† 新じゃがを和えるときは、あえて少しつぶすようにすると、一体感が出る。

† 新じゃがと筍は熱いうちに調味料と和えることで、冷めていくときに味が入っていく。

焼きアスパラとルッコラ ································· P.047

皿の中の自分好みのマヨネーズが
鼻に抜ける独特の甘い香りをもつアスパラを料理に変える。
ルッコラは、口直しに徹している。

材料

アスパラ……好きなだけ

ルッコラ……好きなだけ

EXVオリーブオイル……適量

粗塩……適量

作り方

アスパラとルッコラは水につけ、水あげしておく。

アスパラを熱々のグリルパンでよい焼き目がつくまで焼く。

焼いたアスパラとルッコラを盛り、EXVオリーブオイルと粗塩を好みの量かける。好みで、「半熟卵とチーズのソース（p044/060）」をかけるのもよい。

ポイント

† 旬のアスパラは鮮度がよいと、生でも甘く美味しいので、熱々のグリルパンで短時間で焼くのがよい。

† グリルパンがない場合は、魚焼きグリルなどを使うとよい。

空豆のニョッキ　P.050

"空豆"という響きと、優しいニョッキの食感。

材料

ニョッキ
> じゃがいも（男爵）……150g
> 強力粉……40g
> パルミジャーノ・レジャーノ（すりおろす）……15g
> 塩……ひとつまみ

ソース
> 有塩バター……30g
> セージ……8枚

水……大さじ2
空豆（薄皮をむく）……10さや分
塩……適量
レモンの皮（すりおろす）……適量
EXVオリーブオイル……適量

作り方

ニョッキを作る。
じゃがいもは皮つきのまま水から30分ほど、柔らかくなるまでゆでる。

熱いうちに皮をむいてザルなどで裏ごしし、ふるっておいた強力粉とパルミジャーノ・レジャーノ、塩を加え、練らないように混ぜる。
粉っぽさがなくなり、ひとまとまりになったら、乾燥しないようにラップなどで包んで30分ほど休ませる。
休ませた生地を2等分に切って直径2cmほどの棒状にのばし、1cm幅に切り分ける。
軽く打ち粉をしながらひとつずつ丸め、真ん中を軽く押して少しくぼませる。
大きめの鍋に1％弱の塩水を沸かす。
ソースを作る。
フライパンにバターとセージを入れ、弱火でゆっくり火を入れて、セージからぷくぷくと泡が出てきたら分量の水を加えて混ぜる。
ニョッキと空豆を沸騰した塩水に同時に入れ、ぐらぐら煮立たない程度に火を弱めてニョッキが浮いてから1分ほどゆでる（粉っぽさがなくなる程度に）。
ニョッキと空豆は同時に湯からあげ、すぐにフライパンでソースをからませる。
温めておいた皿に盛り、レモンの皮とEXVオリーブオイルをかける。

ポイント

† じゃがいもは皮つきのまま、弱火でゆっくり火を入れると、本来の甘みが出る。
† じゃがいもが熱いうちに裏ごしをすることと、生地を練りすぎないことで、ふんわりした食感のニョッキに仕上がる。
† じゃがいもによって水分量が異なるため、できあがりの食感の違いも楽しめる。
† セージはゆっくり火を入れることで、香りがバターに移る。
† ニョッキの生地は翌日までならひとまとめにして冷蔵庫で保存する。成形したニョッキは冷凍で1ヶ月ほど保存できる。

えんどう豆と春キャベツの蒸し煮 ……………………………………………… P.051

ニョッキの皿にからみついた緑が、春の香りを残す。

材料（直径22～24cmの鍋使用）
えんどう豆（グリーンピース）……200g（さやからはずして）
春キャベツ……1/2個
塩……小さじ1/4とふたつまみ
EXVオリーブオイル……大さじ2
水……250cc

作り方
鍋にえんどう豆と水と塩小さじ1/4を入れ、EXVオリーブオイル大さじ1を回しかけて火にかける。
沸騰したら蓋をして弱火で5分ほど煮る。
4等分にくし形切りにした春キャベツを上にのせ、塩ふたつまみと残りのEXVオリーブオイルを回しかけ、再び蓋をして10～15分ほど弱火で蒸し煮にする。
器に煮汁と一緒に盛りつける。

ポイント
† えんどう豆は、むいたそばから水に放つと空気にふれる時間が少なくなり、みずみずしい実の甘みを保てる。
† えんどう豆の上に春キャベツをのせて蒸すことで、煮汁に春キャベツの美味しさが逃げず、甘みが増す。
† えんどう豆と春キャベツは火の通り方が異なるので、時間差をつけて鍋に入れる。
† 煮汁も美味しいスープになるので一緒に盛りつける。ニョッキの皿に入れてもよい。

チキンスープ ……………………………………………………… P.052

澄んだスープがすべてを包みこむ。

材料
鶏骨付きもも肉……1本
水……1.5ℓ
香味野菜……玉ねぎや人参などひとつかみ
塩……適量

作り方
鶏肉は皮目を下にして、骨にそって包丁で切り込みを入れる。
沸騰した湯に入れ、1分ほどゆで(霜降り)取り出す。
鍋に水、鶏肉を入れて火にかけ、沸騰したらアクをとり、香味野菜を入れて煮立たない程度の弱火で蓋をせずに1時間半ほどコトコト煮る。
火を消し、すぐに鶏肉と香味野菜を取り出して漉す。
塩で味を調える。

ポイント
† 鶏肉に切り込みを入れて骨を表面に出すことで、骨からも旨味が出やすい。
† 肉は霜降りすることで臭みがとれる。
† 蓋をしないことと煮立たせないことで、旨味の凝縮した澄んだスープに仕上がる。
† 鶏肉と香味野菜をすぐに取り出すのは、スープが冷めていく過程でせっかく出た旨味が具材に戻ってしまうのを防ぐため。

スペアリブ　　P.054

春の穏やかさにスパイスの刺激が交わる。

材料

スペアリブ……4本
塩……小さじ1/2
ミックススパイス（下記参照）……できあがりの1/3量

ミックススパイス（作りやすい分量）

コリアンダーシード……小さじ3
クミンシード……小さじ2
フェヌグリーク……小さじ1（ない場合はクミンシードを小さじ2→小さじ3にする）
赤唐辛子……1本
† スパイスはすべて一緒にミルで細かくする。

作り方

スペアリブに塩とミックススパイスをふり、熱々のグリルパンで両面焼く。

ポイント

† スパイスはシードを細かくすることで、プチプチした食感も加わる。
† 赤唐辛子の種は辛いので、辛いのが苦手な場合は取り出す。
† ミックススパイスは他の肉にふって焼いたり、カレーなどにも使える（「グリルチキンカレー（p.131/141）」参照）。

バナナとローズマリーのシフォンケーキ ……………………… P.058

姿のないハーブの香りが春の風になる。

材料（直径17cmのシフォンケーキ型1個分）

卵黄……3個分
牛乳……20cc
バナナ……100g
レモンの皮（みじん切り）……1/2個分
ローズマリーオイル（下記参照）……50cc
薄力粉……80g
卵白……4個分
レモン汁……小さじ1
砂糖……55g

ローズマリーオイル（作りやすい分量）
1日ほど乾燥させたローズマリー8本分を瓶に入れ、120ccのEXVオリーブオイルを注ぐ（ローズマリーがオイルから出ないように）。3日以上おいて香りを移す。

作り方
卵黄と卵白は別々のボウルに分け、卵白は冷蔵庫で冷やしておく。
バナナに牛乳を加えてつぶす。
卵黄を溶きほぐし、バナナと牛乳を合わせたもの、レモンの皮を加えて混ぜる。
ローズマリーオイルを少しずつたらしながら加え、泡立て器でよく混ぜる。
ふるっておいた薄力粉を加え、ヘラで粉っぽさがなくなるまで練らないように混ぜ合わせる。
冷やしておいた卵白にレモン汁を加えて溶きほぐし、砂糖を2〜3回に分けて入れながら角が立つまで泡立て、かたいメレンゲを作る。
生地のボウルにメレンゲをヘラで切るように2〜3回に分け入れ、そのつど混ぜ合わせる。そのとき、メレンゲの泡を壊さないように注意する。
型に生地を流し入れ、180℃（200℃）に予熱しておいたオーブンで30分ほど焼く。

焼き上がったらオーブンから出し、瓶などに真ん中の部分をさして逆さにして粗熱をとる。冷めたら型から取り出す。

ポイント
† バナナは黒点が出て、香りが甘くなった熟したものを使う。
† 卵白を冷やすことでメレンゲの泡立ちがよくなる。また少しのレモン汁を加えるとメレンゲの泡立ちが持続する。
† 卵白は、砂糖を一度に加えず2〜3回に分け入れると泡が壊れず、泡立てやすい。
† 型には何も塗らないほうがシフォンの立ち上がりがよい。
† 冷ますときは逆さにするとふくらんだ生地がへこまずにふんわりした仕上がりを保てる。
† 型から取り出すときは、型とシフォンケーキの間に専用の細いヘラかナイフを入れ、ぐるりと1周してから取り出す。

夏の皿
ONE PLATE OF SUMMER

―――

Menu
ヨーグルトアイス
桃と生ハム
夏野菜のグリルマリネ
フルーツトマトのオーブン焼き
カレーオイル
ガスパチョ
レンズ豆のマリネ
焼きパプリカ
ラムの香草スパイス焼き
焼き茄子のペースト
冷たいパスタ
メロンの寒天　バニラの香り

ヨーグルトアイス

p.088

桃と生ハム

p.089

夏野菜のグリルマリネ

P.090

One Plate of Summer 075

フルーツトマトのオーブン焼き

P.091

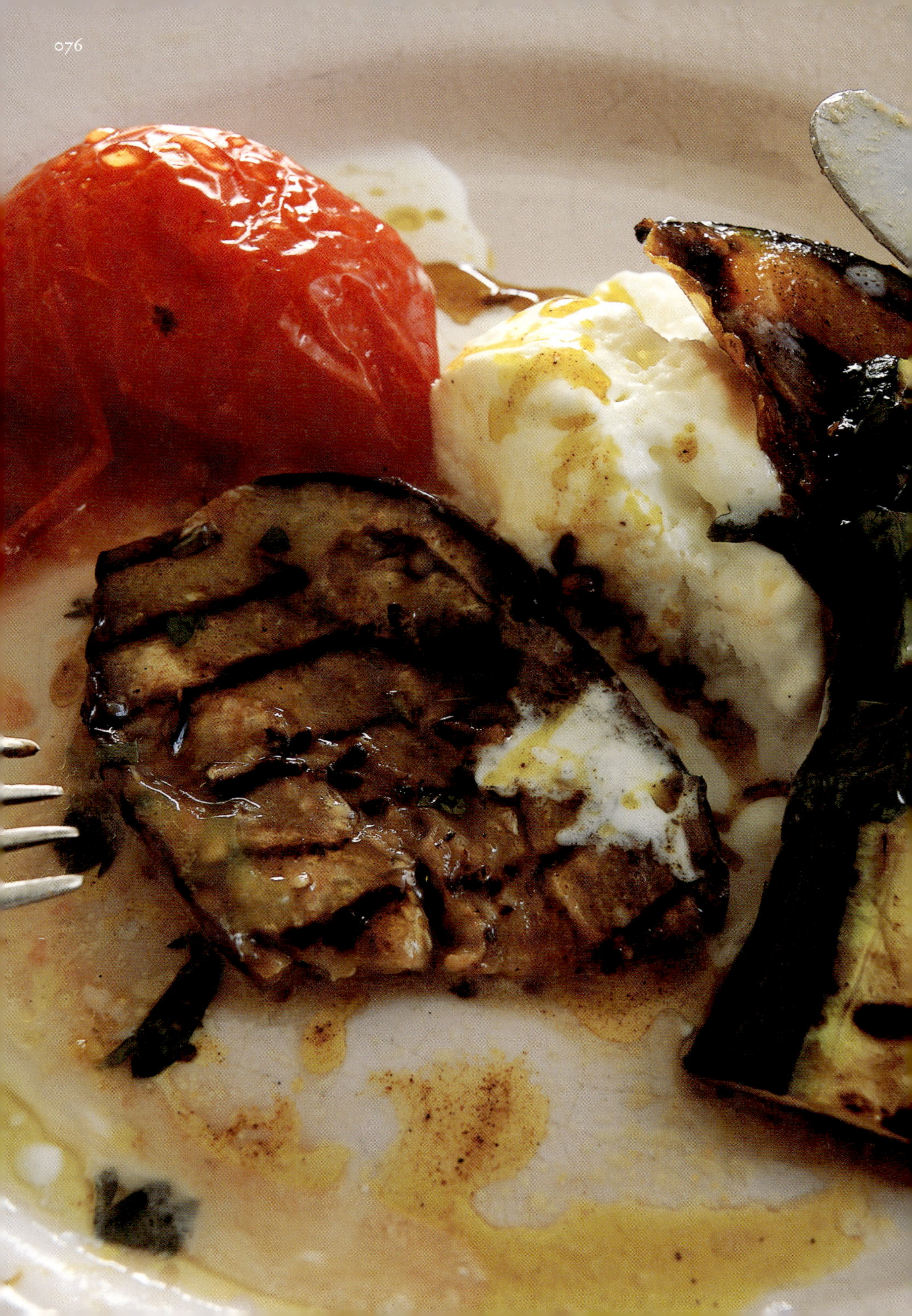

カレーオイル
―
P.092

ガスパチョ

P.093

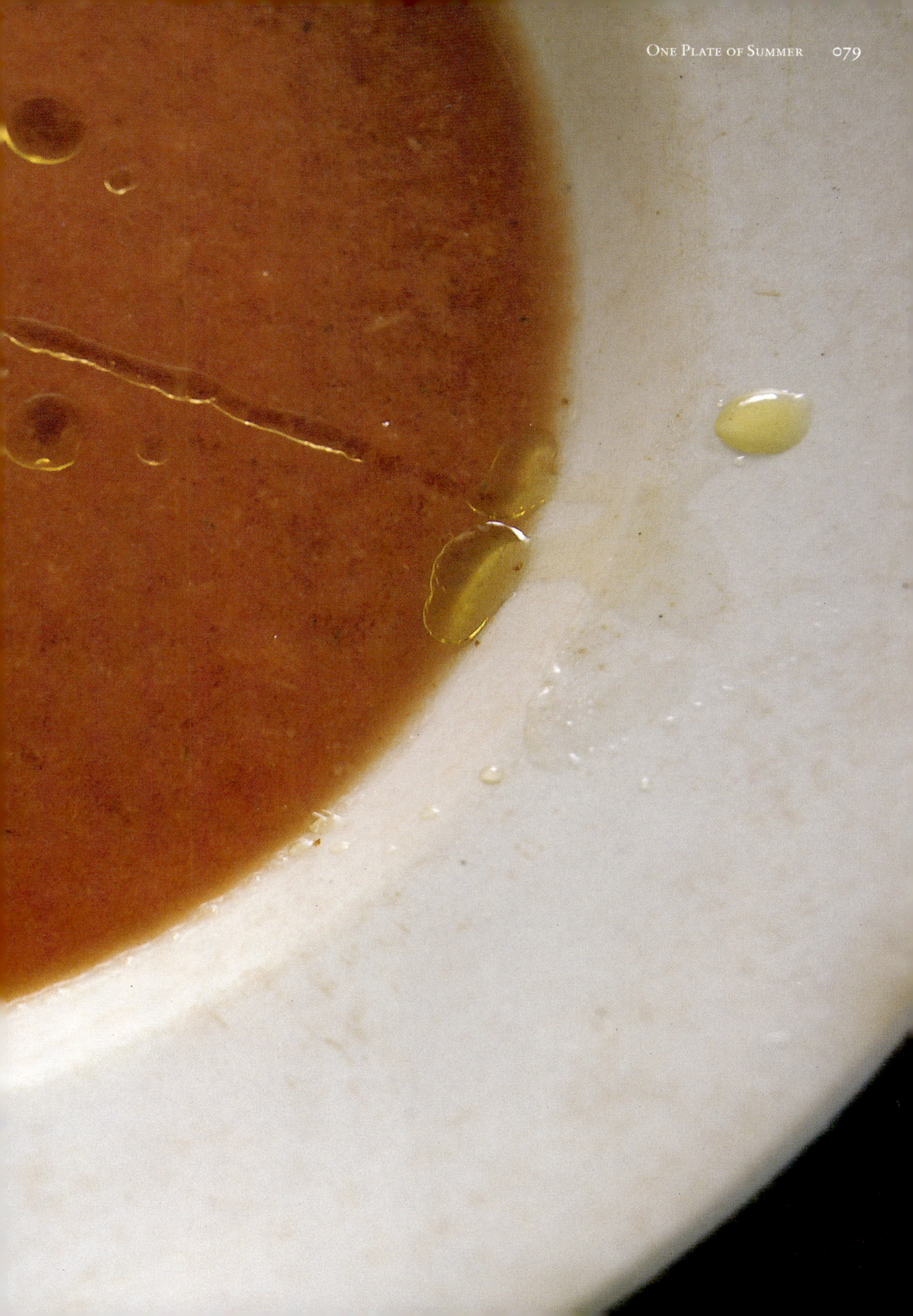

焼きパプリカ

P.095

レンズ豆のマリネ

P.094

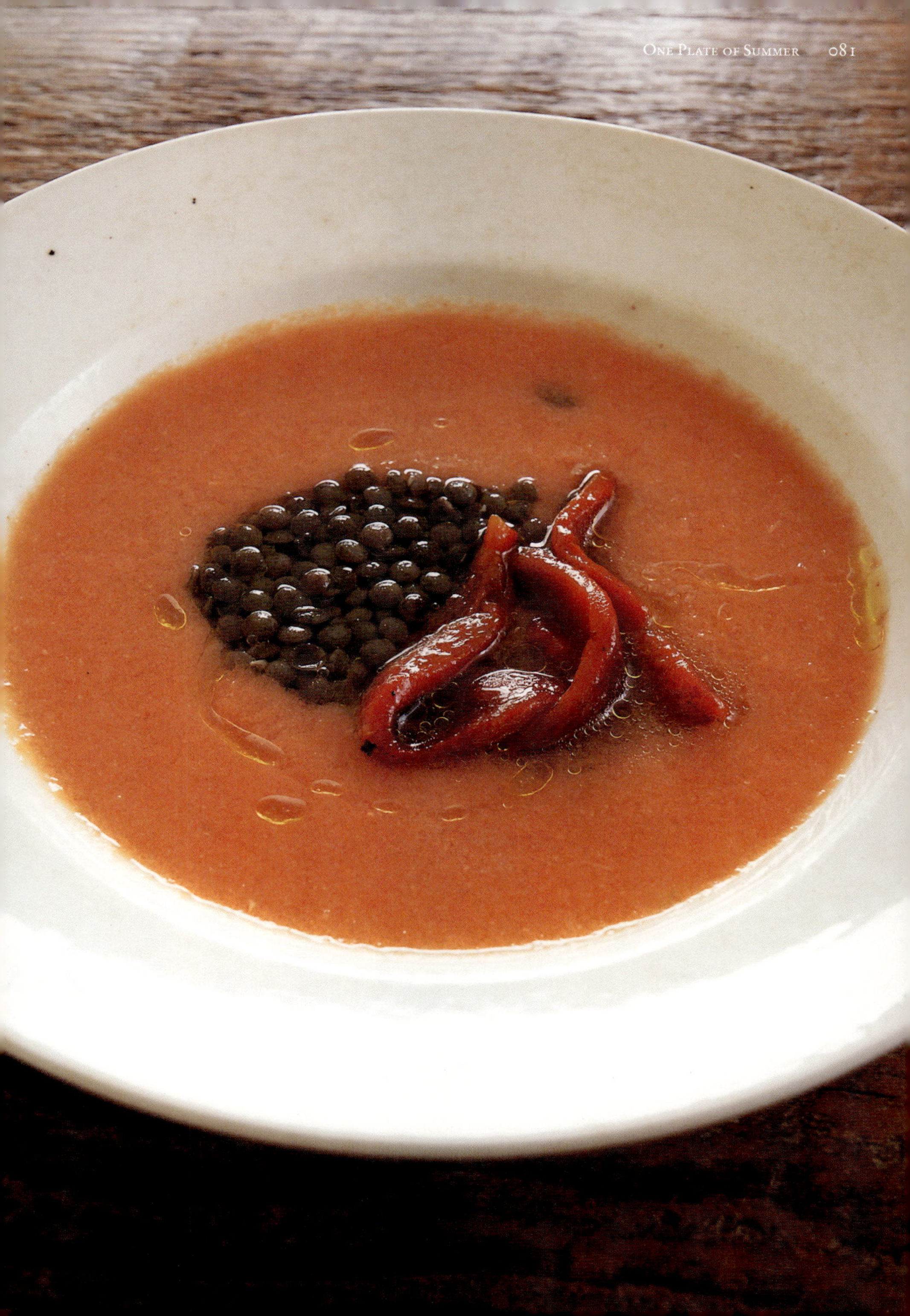

ラムの香草スパイス焼き

P.095

焼き茄子のペースト

P.097

太陽……
食べたことはないけれどなんとなく
夏の野菜は太陽の味がすると言いたくなる。

はじけて、力強く、けれど、なぜかみずみずしい。
きっと太陽に負けないようにがんばっているんだ。

ひとつひとつでも、存在感があるのに
一緒にすぐに仲良くなれる陽気さを持っている。

恵みの夏の皿。

冷たいパスタ

P.098

One Plate of Summer 085

メロンの寒天 バニラの香り

P.099

RECIPES

「夏の皿」

ヨーグルトアイス　　P.072

しなやかでいて、したたかである。

材料
A｜ヨーグルト（無糖）……100g
　｜塩……1g
　｜EXVオリーブオイル……5g
生クリーム……40g
EXVオリーブオイル……適量

作り方
ボウルにAを入れて混ぜる。
別のボウルで生クリームを八分立てになるまで泡立てる。
Aのボウルに生クリームを加え、切るように混ぜる。
バットなどに移し、冷凍庫で1時間おきに2〜3回取り出してはフォークなどでかき混ぜ、空気を入れながら凍らせる。
皿にヨーグルトアイスをのせ、EXVオリーブオイルをかける。

ポイント
† 空気を入れながら凍らせることで口溶けよく仕上がる。
† ヨーグルトアイスをのせる皿は、あらかじめ冷やしておくとアイスが溶けにくい。

桃と生ハム ……………………………………………………………………………… P.073

桃の果汁が口の中でソースとなる。

材料
桃……1個
生ハム……8枚
レモン汁……小さじ1/2
EXVオリーブオイル……適量

作り方
桃は皮をむいて適当な大きさに切り、レモン汁をかけておく。
皿に桃と生ハムをのせ、EXVオリーブオイルをかける。

ポイント
† 桃にレモン汁をかけると変色しにくくなる上に、適度な酸味で生ハムとも相性がよくなる。
† 桃と生ハムを一緒に食べると、甘みと塩気、コクが一体になる。
† 「ヨーグルトアイス（p.072/088）」をつけると味に変化が出る。

夏野菜のグリルマリネ ……………………………………………………… P.074

皿の溶けかけたソースが混じるとお国が変わる。

材料

かぼちゃ……1/8個
ズッキーニ……1本
茄子……2本
A｜バルサミコ酢……大さじ1
　｜塩……小さじ1/5
　｜にんにく（スライス）……1片分
　｜イタリアンパセリ（みじん切り）……10本分
　｜EXVオリーブオイル……大さじ6
B｜水……200cc
　｜塩……小さじ1/4
　｜EXVオリーブオイル……大さじ1/2

作り方

Aを順番に混ぜ合わせておく。
かぼちゃは5mm厚さにスライスする。ズッキーニ、茄子は長さを半分に切ってから、5mm厚さにスライスする。
Bをボウルに混ぜ合わせたところにズッキーニを入れ、熱したグリルパンで両面に焼き目がつき、火が入るまで焼いて、合わせておいたAにつける。
同じようにしてかぼちゃ、茄子の順に焼き、Aにつけていく。

ポイント

† オリーブオイルと塩の入った水につけてから焼くことで乾燥を防ぎながら焼くことができ、下味もつく。
† 焼く順番は茄子を最後にすると、他の野菜にアクがつかない。
† バルサミコソースにつけたら、ときどき上下を返すと味が全体に回る。
† 温かいままでも、冷たくしても美味しい。

フルーツトマトのオーブン焼き ……………………………………………………… P.075

つぶすとフレッシュなトマトソースになり、皿の中が華やぐ。
しかも、調和と旋律をとりながら……。

材料

フルーツトマト……4個
EXVオリーブオイル……適量

作り方

オーブンは180℃（200℃）に予熱しておく。
天板にオーブンペーパーを敷き、フルーツトマトをヘタが下になるように置く。
上からEXVオリーブオイルを回しかけ、オーブンで15〜20分ほど焼く。
少し冷めてから皿に盛る。

ポイント

† ヘタを下向きにすると安定する。
† 冷める前にフルーツトマトを動かすと果汁が流れてしまうので、そっとつかめる
　ぐらいまで冷ますとよい。
† 天板に残っている汁も美味しいソースなので、皿に盛ったフルーツトマトにか
　ける。
† 好みで粗塩をふる。

カレーオイル ……………………………………………………………………… P.077

カレーとヨーグルトの相性は言うまでもない。

材料（作りやすい分量）

カルダモンシード……2粒
コリアンダーシード……小さじ1/2
クミンシード……小さじ1/2
カレー粉……小さじ2
EXVオリーブオイル……大さじ4

作り方

小鍋にシード類を入れ、弱火で香りが立つまで揺すりながら煎る。
カレー粉を入れ、さらに少し煎って火から下ろし、EXVオリーブオイルを入れて混ぜる。
瓶などに移し替える。

ポイント

† カルダモンシードは麺棒などで叩いて、さやを割っておくと香りが出やすい。
† スパイスを煎ることで、香りを呼び起こす。
† 作りたてでもよいが、1日以上置くと味がなじむ。2週間ほど保存できる。
† 皿の味に変化をつけたいときに、カレーオイルを混ぜてから少々かける。スパイスが底に溜まるので、かける直前にそのつど混ぜること。

ガスパチョ ………………………………………………………… P.078

見た目は1色……。
夏野菜が持っている、お互いを引き合わせる力のしみ入る赤いスープ。

材料

パプリカ（赤）……1/2個
トマト……4個
きゅうり……1本
スイカ……120g
セロリ……1/2本
玉ねぎ……1/4個
レモン汁……大さじ1
白ワインビネガー……大さじ1
パン……20g
EXVオリーブオイル……大さじ2
水……200cc
塩……小さじ1/2

作り方

パプリカは1個を丸ごと、焼き網で表面が真っ黒になるまで転がしながら焼く。焼けたらボウルに入れ、蓋をして少し蒸らす。皮をむき、種を取ってざく切りにする（ここで使うのは、1/2なので残りは「焼きパプリカ（p.081/095）」などに使うとよい）。トマトは皮を湯むきして横半分に切って種を取り出し、ざく切りにする。取り出した種はザルに入れ、果汁を漉しておく。きゅうりは皮をむいてざく切りに、スイカは種を取ってざく切りにする。セロリと玉ねぎはスライスする。すべての材料を容器に入れ、ひと晩冷蔵庫で寝かせる。
ミキサーにかけ、なめらかなスープにする。
食べるまで、少し冷蔵庫で味をなじませながら冷やしておく。
お皿に注いで好みでEXVオリーブオイルをかける。

ポイント

† パプリカを焼いたあと、少し蒸らすことで皮がむきやすくなる。
† きゅうりの皮には少しえぐみがあるのでむいておく。
† 生の玉ねぎの辛みが苦手な場合は、レッドオニオンにすると辛みが和らぐ。
† パンを少し入れることでほんのりとろみがつく。
† 冷蔵庫に入れておくと3日ほど日持ちする。
† 冷たくして飲みたいときはお皿も冷やしておく。

レンズ豆のマリネ　　P.080

豆そのものの味、スープに入れるとサラダに変わる。

材料

レンズ豆……120g
水……豆の6倍
塩……小さじ1/4
EXVオリーブオイル……大さじ3

作り方

レンズ豆はざっと洗い、汚れを取る。
鍋にレンズ豆と水を入れ、沸騰したら弱火で20〜30分ゆでる。最後に塩を加える。
粗熱がとれたら汁気を切り、EXVオリーブオイルで和える。

ポイント

† 塩は最後に入れると味を決めやすく、豆の甘みも立つ。粗熱がとれていく間に塩味が豆に入る。

焼きパプリカ …… P.080

焼いたパプリカの甘み、スープに入れたときの食感。

材料
パプリカ……2個または1個と「ガスパチョ（P.078/093）」の残りのパプリカ
塩……ひとつまみ
EXVオリーブオイル……大さじ3

作り方
パプリカは「ガスパチョ」と同様に焼いて皮をむく。
縦に1cm幅に切り、塩とEXVオリーブオイルをふりかけて混ぜる。

ポイント
† パプリカを切ったときに中から出てくる汁も旨味なので、一緒に加える。

ラムの香草スパイス焼き …… P.082

ラムにかぶりつき、ときにスープに入れてともに食べる。
スープが爽やかなソースになる。

材料
ラムラック（ラムの骨付きロースのブロック）……700〜800g（8本）
タイム……8本
ローズマリー……4本
にんにく……2片
EXVオリーブオイル……大さじ3
クミンシード……大さじ1/2
塩……小さじ1/2

作り方

にんにくはつぶして芯を取り、2つ割りにする。

密閉できるビニール袋ににんにく、タイム、ローズマリー、EXVオリーブオイルを入れ、マリネ液を作っておく。

ラムは表面の肉汁を洗い流してキッチンペーパーで拭く。マリネ液に入れてなじませ、密閉して冷蔵庫で半日ほどマリネしておく。

ラムは焼く前に冷蔵庫から取り出し、常温に戻しておく。オーブンは200℃（220℃）に予熱しておく。

ラムの全体に塩をすり込み、脂身にクミンシードをつける。マリネ液のにんにくと一緒にフライパンに入れ、中火で表面を焼いて取り出す。

天板にオーブンペーパーを敷き、マリネ液のタイムとローズマリーを置く。その上に焼き目のついたラムを脂身が上になるように置き、200℃（220℃）のオーブンで6分焼く。一度取り出して天板に溜まった油をラムにかけ、160℃（180℃）に温度を下げたオーブンで20分ほど焼いて取り出す。アルミホイルを二重にして包み、オーブン庫内の余熱で40分ほど保温しておく。

ラムを取り出し、1本ずつにカットしていく。好みで粗塩をふる。

少人数の場合、もしくはラムラックが手に入りにくい場合にはラムチョップで手軽に作っても充分美味しい。

ポイント

† 空気を抜いて密閉することで、香味オイルがラム全体にいきわたる。

† オーブンから一度取り出したときに油をかけることで肉の乾燥を防ぐ。

† 保温時の余熱も調理の一部である。

ラムチョップで作る場合

材料（2人分）

ラムチョップ……2本
A ┃ EXVオリーブオイル……大さじ1
　 ┃ タイム……4本
　 ┃ ローズマリー……2本
　 ┃ にんにく……1/2片
塩……小さじ1/5
クミンシード……小さじ1/3

作り方

ラムチョップをAで1時間以上マリネする。
ラムチョップに塩、クミンシードをふり、フライパンにAのマリネ液のにんにく、タイム、ローズマリーを入れ、両面がよい色になるまで中火強で焼く。

焼き茄子のペースト ……………… P.082

茄子が焼かれ、つぶされるとまるで木の実のようなコクが出る。
パンにはバター、ラムには焼き茄子ペーストというのもよい。

材料（作りやすい分量）

茄子……3本
白胡麻ペースト……小さじ1/2
レモン汁……小さじ1/2
EXVオリーブオイル……大さじ1
塩……ふたつまみ

作り方

オーブンは200℃（220℃）に予熱しておく。

茄子はオーブンで30分焼く。ボウルに入れて蓋をし、少し蒸らしておく。茄子の皮をむいて適当にさいておく。

茄子、残りの材料すべてをミキサーにかけ、なめらかなペースト状にする。

ポイント

† 茄子はオーブンで焼くことで甘みが増す。
† ラムにつけて食べると味に変化が出る。

冷たいパスタ P.084

小麦の味がガスパチョをスープだけには留めない。

材料

カッペリーニ……160g
塩……適量
EXVオリーブオイル……適量

作り方

1%の塩を入れた湯でカッペリーニをゆでる。1%の塩を溶かした氷水で締めてザルに上げ、水気を切る。布巾やキッチンペーパーなどでさらに水気をきっちり取り去る。EXVオリーブオイルをたっぷりかける。

ポイント

† パスタを締める氷水にも1%の塩を入れると、塩の味がぼやけない。
† 水気をきっちり取ることで、パスタの美味しさが際立つ。
† 皿に残っている「ガスパチョ（p.078/093）」に好みの分量を入れる。ガスパチョが足りなければ食べたい分だけ足せるのも、家庭ならではのいいところ。「レンズ豆のマリネ（p.080/094）」や「焼きパプリカ（p.081/095）」を入れるのもよい。

メロンの寒天　バニラの香り P.086

涼しい、おやつ。

材料（8個分）
メロン……1/2玉
棒寒天……3.5g
水……600cc
砂糖……40g
レモン汁……小さじ2
バニラビーンズ……2cm分

作り方
棒寒天は、2時間以上水（分量外）に浸けて戻しておく。水分を絞り、細かくちぎる。
メロンはひと口大に切ってレモン汁をかけ、器に8等分する。切ったときに出る果汁もとっておく。
バニラビーンズはさやをこそげて出しておく。
鍋に水、バニラビーンズとさや、ちぎった寒天、取っておいたメロンの果汁を入れて火にかける。寒天が溶けたら砂糖を加えて溶けるまで混ぜる。
ザルなどで漉し、粗熱がとれたらメロンを入れた器にそれぞれ注ぎ入れ、冷蔵庫で冷やし固める。

ポイント
† 棒寒天はしっかり水で戻し、さらに砂糖を入れる前に煮溶かしておくと溶けやすい。
† メロンの種をザルで漉した果汁も美味しいので、ゼリー液に加えるとよい。

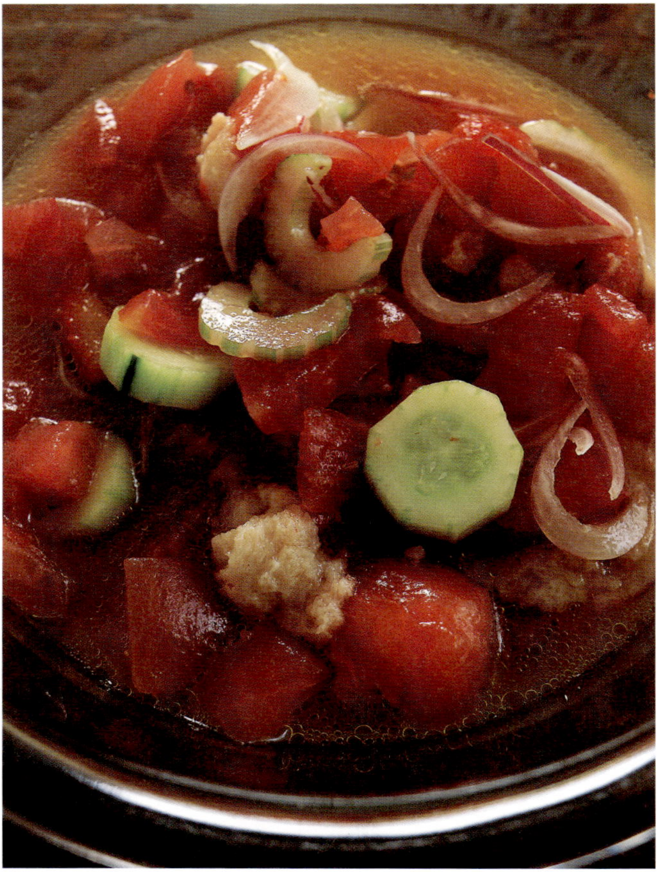

秋の皿
One Plate of Autumn

Menu
新米と塩
焼きれんこん
きのこと栗の香り煮
秋刀魚の焼き浸し
洋梨のコンポート
焼いた鴨と赤いソース
秋のミネストローネ
焼きチョコプリンとかぼちゃのソース

新米と塩

P.118

焼きれんこん

P.119

きのこと栗の香り煮

P.120

食欲の秋という言葉があるぐらい、
秋は食になぜかみんながふりむく。
本当は、冬を迎える体に栄養を溜めるために、
自然なことなのだろう。
昔から食べ続けている米もたわわに実り、
木々の実も動物に栄養を与えてくれる。
そんな自然に耳をすませ、
滋味を味わえる秋の皿。

秋刀魚の焼き浸し

P.121

One Plate of Autumn 107

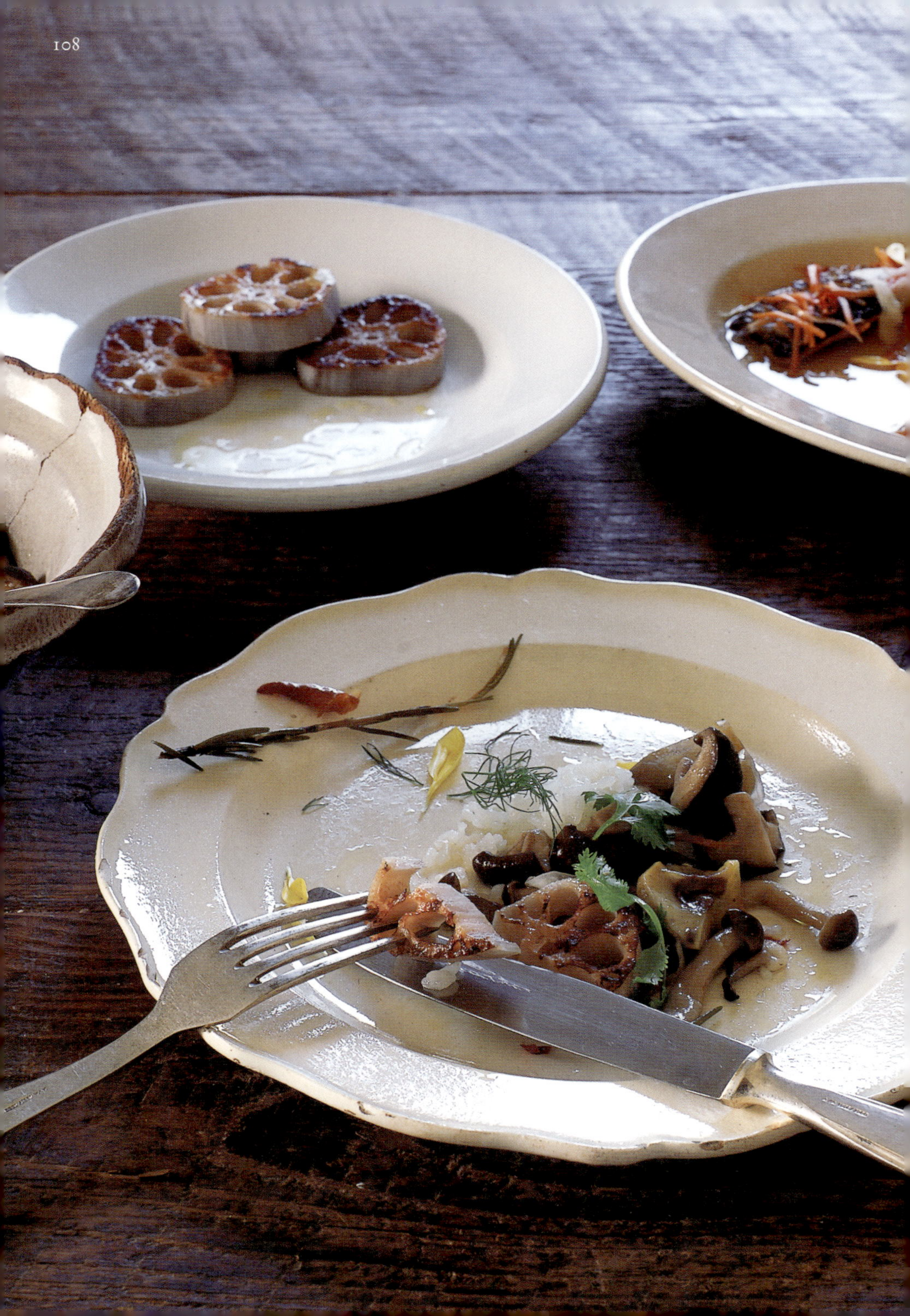

One Plate of Autumn 109

洋梨のコンポート

P.122

山の香り　海の恵み　土の温もり
　　枯れた秋と　実りの秋が
　　　　混ざり合う
枯れた深みが　実りの深みに泳ぐ
　　　枯れる　とは
　自然の時間を　経過すること
　時間を　皿の中に　閉じ込めた

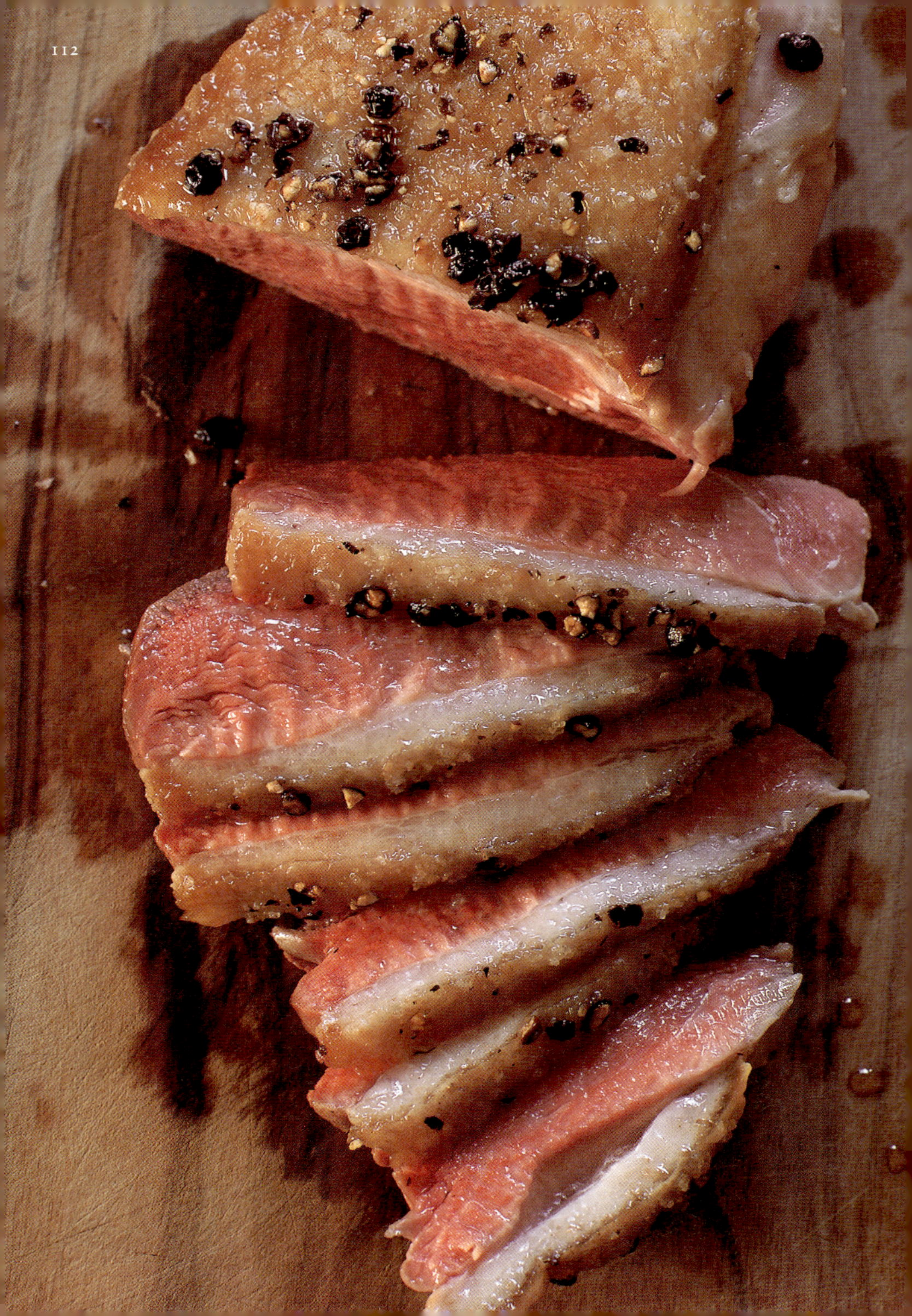

焼いた鴨と赤いソース

P.123

秋のミネストローネ

P.124

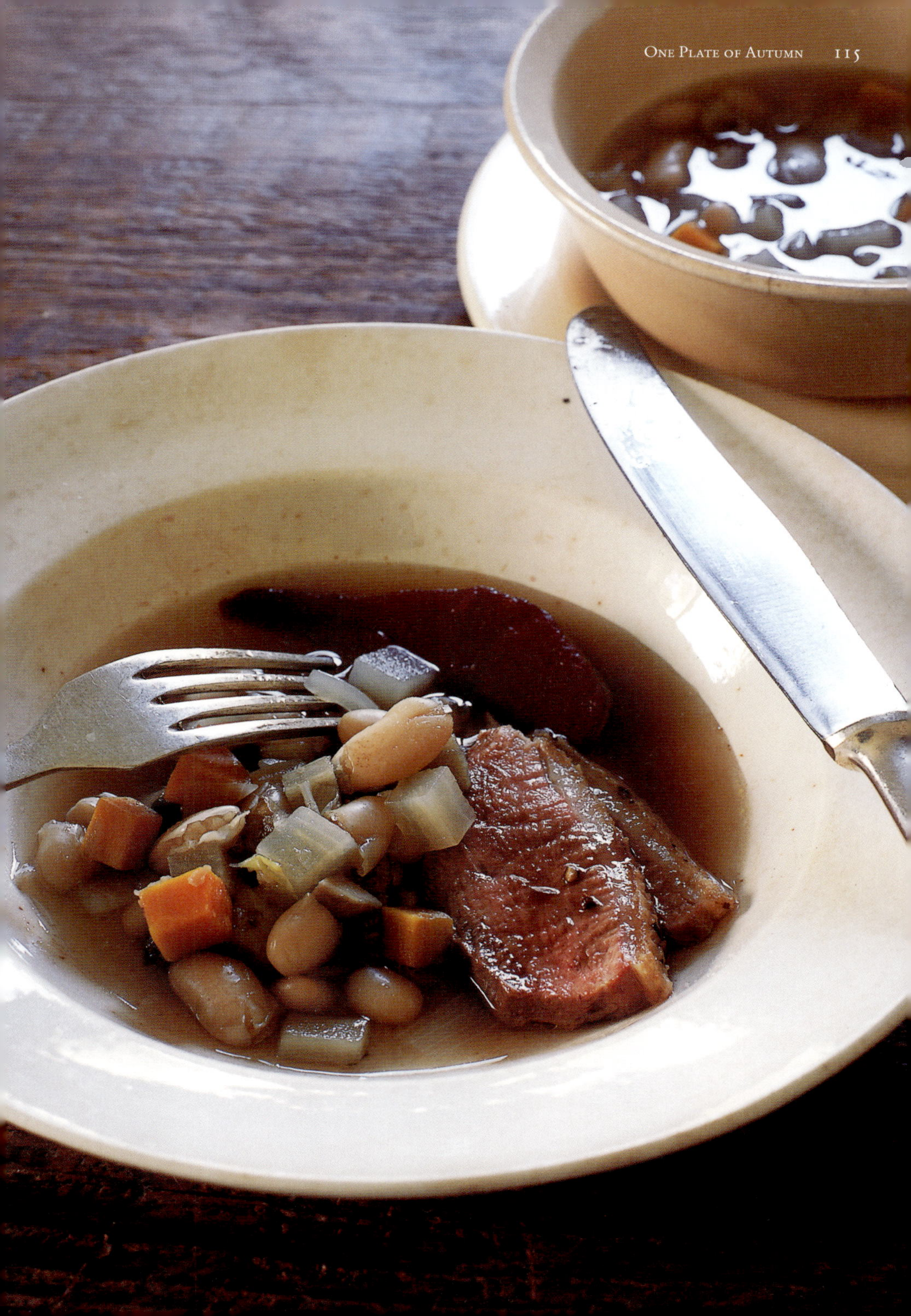

焼きチョコプリンとかぼちゃのソース

P.125

RECIPES
———

「秋の皿」

新米と塩　　　　　　　　　　　　　　　　　　　　　　　　　　　P.102

新米の真っ白い甘みが、塩で引き締まり、秋のはじまりを感じる。

材料

新米……2合
水……400cc（新米の1.2倍量よりやや少なめ）
粗塩……適量
EXVオリーブオイル……適量

作り方

新米をボウルに入れ、最初の2~3回は米をすすぐように軽く研いだらすばやく水を入れ替える。
それからは、手と手をこすり合わせるようにして研ぐ。水があまり濁らなくなったらザルに上げる。
炊飯器や土鍋に新米、分量の水を入れ、20~30分ほど浸水させてから普通に炊く。
蒸らし終わったら蓋をとり、軽く切るように空気を入れながら天地を返す。
皿に新米を盛り、粗塩とEXVオリーブオイルをかける。

ポイント

† 米を研ぐときの最初の数回の研ぎ水はぬか臭いので、米が匂いを吸う前にすばやく水を入れ替える。
† できれば研ぎはじめと研ぎ終わりの水だけでも浄水や美味しい水で研ぐとより美味しくなる。研ぎはじめは水の吸収が早く、研ぎ終わりの水は米の周りに残るため。
† 新米は古米より水分を含んでいるので、やや少なめの水加減で炊く。
† 米はごしごし研ぐと割れやすいので、手と手をこすり合わせる感じで軽く研ぐぐらいで充分美味しい。

焼きれんこん ……………………………………………………………… P.103

れんこんの歯ごたえがリズムを加える。

材料

れんこん……1節
塩……少々
EXVオリーブオイル……少々

作り方

れんこんは1.5cmほどの厚さの輪切りにして、水に5分ほどさらす。
れんこんの水気を切り、厚手のフライパンに重ならないように並べ、蓋をして弱火でじっくり焼く。
片面に焼き目がついたら、EXVオリーブオイルをかけて塩をふり、裏返して蓋をせずにじっくり焼く。

ポイント

† れんこんは重ならないように並べて、肉を焼く感覚で焼く。
† あとからEXVオリーブオイルを足して焼くと、オイルが酸化しにくくフレッシュな感じに焼き上がる。
† れんこんは最初から塩をふらないことで適度にみずみずしさが残る。

きのこと栗の香り煮 ……… P.104

きのこと栗とオイルはとても仲がよい。

材料
栗……10個
しいたけ……12枚
しめじ……2パック（約180g）
ローズマリー……2本
にんにく……1片
赤唐辛子……1本
塩……小さじ1/2
EXVオリーブオイル……100cc
水……80cc

作り方
栗は熱湯に浸け、冷めるまで2時間〜ひと晩置いてから皮と渋皮をむき、2等分にして水にさらす。
しいたけは石づきを落としてかさと軸に切り分け、かさは4等分に、軸は大きければ2つに割く。しめじは石づきを取ってほぐす。
厚手の鍋にまず半量のきのこ類と栗、ローズマリー、芯を取ったにんにく、種を抜いた赤唐辛子を入れ、塩、EXVオリーブオイルも半量を回し入れる。残りの半量もすべて同様に上にのせ、最後に水を入れて火にかけ、ぶくぶく音がしてきたら蓋をして弱火で30分ほど、ときどき天地を返しながら蒸し煮にする。

ポイント
† 栗はアクが強いので、渋皮をむいたらすぐに水にさらす。
† しいたけは洗わず、濡らした布巾などで汚れを拭くと、香りが残る。
† にんにくはしゃもじや包丁の平らな部分でつぶすと香りが広がる。
† 栗のでんぷん質が、オイルの膜と、蒸し煮にすることでほっくり甘くなる。

秋刀魚の焼き浸し ……………………………………………… P.106

新米に焼いた秋刀魚の香ばしさと甘酢が重なり、箸がすすむ。

材料

秋刀魚……3尾
酒……大さじ2
A｜ナンプラー……大さじ2と1/2
　｜酢……大さじ3
　｜砂糖……大さじ3と1/2
　｜レモン汁……大さじ1
　｜湯……210cc
　｜赤唐辛子（輪切り）……大さじ2/3
　｜にんにく（すりおろす）……1/2片分
　｜にんにく（スライス）……1/2片分
人参……1/2本
玉ねぎ……1/4個
塩……ひとつまみ
香菜、ディル、クレソンなど……適量
食用菊……適量

作り方

香草類は水あげをしてから葉っぱをちぎっておく（「葉っぱのサラダ（p.015/032）」参照）。
秋刀魚は三枚おろしにして半身を2等分にし、酒をかけておく。
人参は3cm長さぐらいの千切りにして塩をもみ込む。20分ほどおいて、出てきた水気を絞る。玉ねぎは薄くスライスする。
Aをすべて合わせ、人参と玉ねぎを加えてざっと混ぜる。
秋刀魚の水気を拭き、焼き網や魚焼きグリルで皮目から両面を香ばしく焼いて浸し汁につける。
1時間以上つけ込んだら器に盛り、香草類と菊を添える。

ポイント

† 秋刀魚は塩をふらないで焼くとふっくら焼ける。
† 秋刀魚は皮側を8割焼いたら身のほうはさっと焼くくらいでよい。
† 焼いてすぐに浸し汁につけると味がしみ込みやすい。

洋梨のコンポート P.110

果実とスパイス、鴨の野生とが一皿で結ばれる。

材料

洋梨……2個
赤ワイン……200cc
砂糖……15g
クローブ……2本
シナモンスティック……1本
八角……1個
陳皮……少々（あれば）
水……100cc

作り方

洋梨は皮をむいて種を取り、8〜12等分にする。
鍋に赤ワインを入れて火にかけ、中火で沸騰させてアルコール分を軽く飛ばす。
残りの材料と洋梨を入れ、落とし蓋をして弱火で20分ほど煮る。

ポイント

† 赤ワインのアルコール分を飛ばすことで、洋梨にはワインの風味だけが残る。
† 洋梨は熟れてほどよく香りが漂うぐらいのものを選ぶ。

焼いた鴨と赤いソース P.113

材料

鴨胸肉……1枚（400g）
塩……適量
胡椒……適量
「洋梨のコンポート（p.110/122）」の煮汁……50cc
バルサミコ酢……小さじ1
「秋のミネストローネ（p.114/124）」のスープまたは鶏スープ……25cc
冷たいバター……8g

作り方

鴨胸肉は焼く前に室温に戻す。
胡椒はキッチンペーパーにはさんで麺棒などでつぶす。
まず皮目にだけ塩、胡椒をふり、皮目を下にして中火弱のフライパンで10分焼く。
身側に塩、胡椒をふってから裏返し、5分ほど焼いて取り出す。
二重にしたアルミホイルで包み、30分ほど保温して肉汁が落ち着いたら5mmぐらいの厚さにスライスする。
小鍋で「洋梨のコンポート」の煮汁、バルサミコ酢を半量になるぐらいまで煮詰め、スープを加えて少し煮詰め、塩少々で味を調えて火を止める。5等分ぐらいに切ったバターを加えてとろりとするまでよくかき混ぜる。
皿に「洋梨のコンポート」、手前に鴨のスライスをのせ、ソースをかける。

ポイント

† 鴨を裏返す直前に塩をふると鴨から水分が抜けずにジューシーに焼き上がる。
† 鴨を焼いているときに出る脂をこまめに拭きとると、すっきりとした味になる。
† 焼いた鴨を保温する場所はガスコンロの近くなど、温かい場所がよい。
† 今回のような甘めのソースの場合、肉にふる胡椒は挽いたものよりも大きめの粒がたまにぴりっとあたるぐらいにするほうが相性がよい。
† バターは冷たいものを入れると脂っぽくならずにソースと乳化する。

秋のミネストローネ　　P.114

一歩足を踏み出し、鴨と赤いソースの皿に加えると意外な優しさがあらわれる。

材料

白いんげん豆（小粒のもの。ここではイタリア産を使用）……100g
玉ねぎ……1/2個
長ねぎ……20cm
大根……10cm
人参……1/2本
マッシュルーム……8個
ごぼう……1本
塩……適量
EXVオリーブオイル……大さじ1/2

作り方

白いんげん豆は6倍量の水（分量外）にひと晩つけておく。

つけ水のまま火にかけ、沸騰したらアクをとり、蓋を軽くずらして弱火でふっくらするまでゆでる。野菜類はすべて1cm大に切る。ごぼうは水にさらしておく。

鍋にEXVオリーブオイルを熱し、水気を切ったごぼうを軽く炒めたら残りの野菜を加え、さっと炒め合わせる。

ゆでた白いんげん豆を加えたら、ゆで汁と水を合わせて1.5ℓになるように加減して注ぎ入れる。中火強にかけ、沸騰したらアクをとり、蓋を軽くずらして弱火で40分ほど煮る。塩で味を調えてから、さらに10分煮る。

ポイント

† 最初にごぼうから炒めるとアクが風味に変わる。
† 「焼いた鴨と赤いソース（p.113/123）」で鴨肉の切れ端が出たら、霜降りをしたあと一緒に煮て最後に取り出すと旨味が加わる。
† このスープは塩味が決め手。塩は加えてすぐには溶けきらないので、味見は塩を加えてしばらく置き、なじんでからする。

焼きチョコプリン ——————————————————— P.116

チョコレートとスパイスが秋の夜長に恋しくなる。

材料（直径22cmの耐熱容器1個分）

牛乳……500cc
生クリーム……100cc
砂糖……100g
A｜全卵……3個
　｜卵黄……2個分
ココアパウダー……30g
ナツメグパウダー……小さじ1/4
シナモンスティック……1本
カルダモン……3粒
バニラビーンズ……5cm

作り方

バニラビーンズはさやからこそげて出しておく。
ココアパウダーとナツメグパウダーを合わせて鍋に入れ、牛乳を少しずつ加えながら練ってペースト状にする。残りの牛乳、生クリーム、砂糖、シナモンスティック、さやをつぶしたカルダモン、バニラビーンズとさやを入れ、香りを移すために弱火で温める。砂糖が溶けたら火から下ろして漉す（チョコレート液）。
ボウルにAの卵をよく溶きほぐし、チョコレート液を少しずつ混ぜながら加える。耐熱容器に注ぎ、150℃（170℃）に予熱したオーブンに入れ、天板に熱湯を注いで50分ほど焼く。

ポイント

† パウダー類は牛乳を少しずつ入れながら溶かすとだまになりにくい。
† 耐熱容器に入れたあと、上に浮いてくる気泡をとると、すが入りにくい。

かぼちゃのソース …………………………………………………………………… P.116

材料

かぼちゃ……150g
砂糖……大さじ1/2
塩……ひとつまみ
水……大さじ2
牛乳……80~100cc
ラム酒……小さじ1

作り方

かぼちゃは皮をむいて、ひと口大に切る。
厚手の小鍋にかぼちゃ、砂糖、塩を入れてざっと混ぜ、水を加えて火にかける。
ぷくぷくと音がしてきたら、蓋をして弱火で10~15分、かぼちゃが柔らかくなるまで蒸し煮にする。
粗熱をとり、牛乳、ラム酒を加えてミキサーでペースト状にする。

ポイント

† かぼちゃは熱いままミキサーにかけると危険な場合もあるので、必ず粗熱をとるようにする。
† 牛乳の量はかぼちゃの水分量によって好みのかたさになるように調整するとよい。

次の日の皿
THE NEXT DAY'S PLATE

頑張って作ったごはんが残ってしまったら……。
次の日にそのまま食べるのもひとつですが、
ちょっとした手間で、まったく違うごはんとして食べられると、
何だか得した気分になります。

いつもよりちょっぴり頑張った次の日だから
作るのも簡単に、味わいもほっとするようなものを。

ごちそうの次の日もこんなに美味しいのなら、
「次の日の皿」のために、
わざわざ残しておきたくなるレシピです。

鶏とロマネスコ

P.136

ONE PLATE OF NEXT DAY

ポークリエット

P.136

りんごのケーキ

P.137

春キャベツの
おかか胡麻和え

P.140

半熟卵とチキンの
醤油漬け

P.140

One Plate of Next Day　131

グリルチキンカレー
———
P.141

鶏の夏野菜煮込み
+
あさりとレンズ豆のピラフ
P.143

とうもろこしのサブジ
P.144

One Plate of Next Day   133

秋刀魚と香菜の生春巻き

P.146

白豆腐のあんかけご飯

P.146

きのこと栗のパスタ

P.147

RECIPES

「次の日の皿」

❄「ロマネスコの蒸し煮」の次の日
鶏とロマネスコ
.... P.128

材料

鶏もも肉……1枚
塩……小さじ1/2
ローリエ（あれば）……1枚
にんにく……1片
EXVオリーブオイル……大さじ1
水……適量
「ロマネスコの蒸し煮」の残り

作り方

鶏肉を5cm大に切り、塩をもみ込む。フライパンにEXVオリーブオイルとつぶして芯を取ったにんにくを入れ、弱火で香りを移したら中火にして鶏肉の表面を焼く。
鶏肉を「ロマネスコの蒸し煮」の鍋に移し、ひたひたの水とローリエを入れて強火にし、沸騰したらアクを取る。
弱火にして蓋をし20分ほど煮て、塩（分量外）で味を調える。

❄「豚肉と長ねぎの香り蒸し」の次の日
ポークリエット
.... P.129

材料

「豚肉と長ねぎの香り蒸し」の残りの
　豚肉とねぎ
にんにく……1片
白ワイン（なければ酒）……100cc
水……適量
塩……適量

作り方

残った豚肉とねぎ（残っていなかったら玉ねぎを少々入れてもよい）を2cm大に切る。豚肉、ねぎ、芯を取ったにんにく、白ワインを鍋に入れ、ひたひたになる程度に水を加えて蓋をし、1時間ほど弱火で煮る。
煮汁と具に分け、具をフードプロセッサーにかける。煮汁でかたさを調整して少し濃いめに塩で味を調える。
脂が少ない箇所なら、EXVオリーブオイルを適量足しながらフードプロセッサーにかけるとよい。

❄ 「りんごのグリル」の次の日
りんごのケーキ
.... P.129

材料（18×8×6cmのパウンド型1個分）

「りんごのグリル」……1個分
卵……3個
A │ 薄力粉……160g
　│ ベーキングパウダー……小さじ1
B │ 太白胡麻油……100g
　│ 砂糖……70g
　│ 塩……2g

作り方

「りんごのグリル」はくし形に6等分する。Aは合わせてふるっておく。Bをボウルに入れて泡立て器で混ぜ合わせ、よく溶きほぐした卵を3回に分けて入れる。そのつどよく混ぜ合わせる。そこに、Aの1/3量を入れて混ぜたら、残りの2/3量も加え、泡立て器からヘラに持ちかえて切るように混ぜ合わせる。
オーブンペーパーを敷いた型に生地の半量を流し入れ、切ったりんごの半量を並べる。残りの生地を流し入れ、その上に残りのりんごを並べて、180℃（200℃）に予熱したオーブンで35分焼く。

❄ 「りんごのグリル」の次の日
りんごとモッツァレラのオープンサンド

作り方

好みのパンをスライスして、りんごのグリルを適当にちぎったもの、冷たいバター、モッツァレラをのせ、180℃（200℃）に予熱したオーブンで5〜7分焼く。
† トースターで、焦げないように調整しながら焼いてもよい。

❄ 「葉っぱのサラダ」の次の日
緑のドレッシング

作り方

残ったサラダをすべてミキサーにかけて適量のEXVオリーブオイルでのばし混ぜてドレッシングにする。

❄ 上記「緑のドレッシング」の次の日
ゆりねとれんこんのサラダ

作り方

ゆりね1個は1片ずつはがして汚れを洗い、塩少々をふって蒸す（または、塩を入れた熱湯でゆでてもよい）。
れんこん1節は薄くスライスして水に10分ほどさらし、塩適量を入れた熱湯でさっとゆでてザルに上げる。
ゆりねとれんこんを「緑のドレッシング」適量で和える。

❄ 「緑のドレッシング」（p.137）の次の日
牡蠣の緑蒸し

作り方

牡蠣150gを塩水でふり洗いして小鍋に入れ、にんにく1/2片と「緑のドレッシング」、酒、EXVオリーブオイル各大さじ1を入れて中火にかける。牡蠣がぷっくりするまで蓋をして蒸し煮にする。

❄ 「ロマネスコの蒸し煮」で
ロマネスコのグラタン

作り方

耐熱容器に入れたロマネスコに生クリーム適量をかけ、チーズをかぶせるようにのせる。
200℃（220℃）に予熱したオーブンで10分ほど焼く。

ポイント

† トースターで焼く場合、焼きはじめはホイルで覆い、途中でホイルをはずして焼き目をつけるとよい。

❄ 「焼いたかぶ」の次の日
かぶの葉のオイスターソースかけ

材料

かぶの葉……3個分
チキンスープ……100cc
A ｜ 醤油……大さじ1/2
　｜ オイスターソース……小さじ1
　｜ 砂糖……小さじ2/3
水溶き片栗粉
（片栗粉小さじ1を水小さじ2で溶いたもの）

作り方

かぶの葉は、塩と油を少し入れた湯でさっとゆでて食べやすい大きさに切る。
小鍋にチキンスープとAを入れて火にかけ、沸騰したら好みの加減に水溶き片栗粉でとろみをつけ、ゆでた葉にかける。

冬 「焼いたかぶ」の次の日
かぶの葉の茶碗蒸し

材料

生地
- 卵……1個
- 醤油……小さじ2/3
- 出汁……180cc

あん
- かぶの葉……1個分
- 出汁……100cc
- 酒……大さじ1
- 醤油……小さじ1/2
- 水溶き片栗粉
  （片栗粉小さじ1を水小さじ2で溶いたもの）

作り方

茶碗蒸しを作る。

卵を溶きほぐし、しょうゆ、出汁を加え混ぜ、ザルで漉す。

大きめの器に卵液を入れ、蒸気の上がった蒸し器で強火で2分、弱火で7〜8分蒸す。

あんを作る。

かぶの葉を塩（分量外）を入れた熱湯でさっとゆでて粗みじんに切る。

小鍋に出汁を入れて火にかけ、沸騰したら酒と醤油で味を調える。

水気を絞った葉を入れ、温まったら水溶き片栗粉で好みのとろみをつける。

ポイント

† 片栗粉を溶くときに、余った出汁やスープ、酒などで溶くと味が薄まらない。

● 春 「えんどう豆と春キャベツの蒸し煮」の次の日
春キャベツのおかか胡麻和え
P.130

材料
「春キャベツの蒸し煮」……1切れ
すり胡麻（白）……大さじ1/2
かつお削り節……ひとつかみ
醤油……小さじ1/4
胡麻油……小さじ1/2

作り方
春キャベツはひと口大にちぎり、すり胡麻と和えて器に盛る。上に削り節をのせて、醤油と胡麻油をかける。

ポイント
† 春キャベツの優しい味わいを生かすために、醤油と胡麻油は春キャベツに直接かけず、削り節にかかるようにする。

● 春 「バナナとローズマリーのシフォンケーキ」の次の日
新じゃがのオーブン焼き

材料
残ったローズマリーオイル……大さじ2
新じゃがいも……10個ぐらい

作り方
泥を洗い流した新じゃがいもをボウルに入れ、ローズマリーオイルで和えて塩（分量外）をふる。180℃（200℃）に予熱しておいたオーブンで柔らかくなるまで焼く。

● 春 「半熟卵とチーズのソース」と「チキンスープ」の次の日
半熟卵とチキンの醤油漬け
P.130

材料
残った半熟卵……好きなだけ
「チキンスープ」のだしがらの鶏もも肉
　　……1本分
A｜醤油……大さじ4
　｜水……大さじ2
　｜酒……大さじ2
　｜みりん……大さじ2
　｜砂糖……大さじ2

作り方
小鍋にAをすべて入れ、火にかけてひと煮立ちさせる。
熱いうちに鶏肉を漬け込み、粗熱がとれたら殻をむいた半熟卵を入れ、チャック付きポリ袋などに入れて1日以上漬け込む。2日目くらいが食べ頃。

ポイント
† これをご飯にのせ、漬けだれをかけると簡単な丼になる。
† 鶏肉は熱いたれに漬け込むことで味がしみ込みやすくなり、半熟卵は冷めたたれに漬け込むことで半熟のまま味がしみる。
† 冷蔵庫で3日間ほど日持ちする。

春 「チキンスープ」と「スペアリブ」の次の日
グリルチキンカレー
.... P.131

材料
グリルチキン
 「チキンスープ」のだしがらの
  鶏もも肉……1本分
 「スペアリブ」のミックススパイス
  ……小さじ1
 にんにく（すりおろす）……1/2片分
 塩……小さじ1/2
じゃがいも……2個
植物油……大さじ1/2
カレー
 玉ねぎ……1個
 にんにく（すりおろす）……1片分
 しょうが（すりおろす）……親指大
 植物油……大さじ4
 カレー粉……大さじ3
 「スペアリブ」のミックススパイス
  ……小さじ1
 トマト……2個
 チキンスープ……2カップ
 塩……適量

作り方
グリルチキンを作る。
鶏肉にミックススパイス、にんにく、塩をもみ込む。
じゃがいもは2〜3cm大に乱切りにする。
鶏肉とじゃがいもを合わせて油を回しかけ、180℃（200℃）に予熱したオーブンで20〜25分焼く。

カレーを作る。
玉ねぎは薄くスライスし、トマトは皮をむいて種を取り、ざく切りにする。
鍋に油とミックススパイスを入れて弱火にかけ、香りがしてきたら玉ねぎを加え、塩ひとつまみ（分量外）を混ぜ、蓋をして甘みが出るまでときどきかき混ぜながら蒸らし炒めをする。
にんにく、しょうが、カレー粉を入れて炒め、香りが立ったところでトマトを加えて蓋をし、中火弱でときどきかき混ぜながら10分ほど煮る。
チキンスープを入れ、20分ほど煮たら、グリルチキンとじゃがいもも加えてさらに10分煮る。
塩で味を調える。

ポイント
† 鶏肉は味をつけてグリルしておくことでだしがらの鶏肉でもおいしく食べられる。
† スパイス類は先に油で炒めると香りが立つ。
† トマトの皮むきは、熱湯に30秒ほど入れて氷水にとるとするりとむける。
† トマトは蓋をして煮ることで圧がかかり、水分が出て煮くずれやすい。
† 辛いものが苦手な人や小さな子ども向けには、できあがりに生クリームを足すとまろやかになる。

🌸「えんどう豆と春キャベツの蒸し煮」の次の日
えんどう豆といかのトマト煮込み

材料

「えんどう豆と春キャベツの蒸し煮」の
　えんどう豆の残り……1/2カップ
煮汁（水と合わせて）……1/2カップ
いか……1ぱい
にんにく……1片
玉ねぎ……1/2個
トマト……1個
ベーコン……30g
酒……大さじ2
EXVオリーブオイル……大さじ1と1/2
赤唐辛子……1本
塩……適量

作り方

玉ねぎはみじん切り、トマトは皮をむいて種を取り、ざく切りにする。ベーコンは細切りに、いかはわたを抜き、えんぺらを取って皮をむき、1cmの輪切りにして酒をかけておく。
鍋にEXVオリーブオイル、つぶして芯を取ったにんにくを入れて弱火にかける。香りがしてきたら種を取った赤唐辛子と玉ねぎを入れ、塩ひとつまみをふり、ざっと混ぜて蓋をし、玉ねぎの甘みが出るまで蒸らし炒めする。ベーコンを加えて炒め、トマトも加えて弱火のまま蓋をして15分煮る。えんどう豆と煮汁と水を合わせたものを加えて中火にする。沸騰したらいかを入れ、いかに火が通ったら塩で味を調える。

ポイント

† いかは最後に入れてさっと火を通すことで柔らかい食感になる。

🌸「新じゃがと筍のサラダ」の次の日
新じゃがと筍の春巻き

材料

「新じゃがと筍のサラダ」の残り
春巻きの皮……適量
揚げ油……適量

作り方

サラダの残りを巻きやすい大きさに適宜切り、春巻きの皮で巻いて、油で揚げる。

🌸「空豆のニョッキ」の次の日
フライドニョッキ

材料

残りのニョッキの生地
（成形する前のひとまとめにした状態）
セージ……適量
揚げ油……適量

作り方

ニョッキはp.065の要領で成形し、セージと一緒に素揚げにする。

ポイント

† じゃがいもの香りがまるでフライドポテトのような味わいになる。

夏「ガスパチョ」の次の日
鶏の夏野菜煮込み
P.132

材料（2人分）

鶏手羽元……5〜6本（300g前後）
塩……小さじ1/2
EXVオリーブオイル……大さじ1
「ガスパチョ」の残り……2カップ

作り方

鶏肉は洗い、水気を拭いて塩をもみ込んで15分ほど置いておく。
鍋にEXVオリーブオイルを熱し、鶏肉を中火で焼く。途中、余分な油は拭きとる。表面がこんがり焼けたら「ガスパチョ」を加え、沸騰したらアクをとる。弱火にして蓋をし、40〜50分ほど煮込んで塩（分量外）で味を調える。

ポイント

† 鶏肉は水で洗うことで臭みがとれる。
† 鶏肉から出てくる水分を拭いておくと、油はねせずに焼ける。
† 酸味のある「ガスパチョ」で煮込むので鶏肉が柔らかくなる。

夏「レンズ豆のマリネ」の次の日
あさりとレンズ豆のピラフ
P.132

材料

「レンズ豆のマリネ」の残り……60g
あさり……300g
米……2合
玉ねぎ……1/2個
パプリカ（赤）……1個
パセリ……1株
EXVオリーブオイル……大さじ1/2
水……400cc
塩……小さじ1

作り方

あさりは、砂出しをして洗っておく（下記参照）。
米は研いでザルに上げ、水を切っておく。
玉ねぎはみじん切り、パプリカは2cm大、パセリはみじん切りにする。
鍋にEXVオリーブオイルを入れて玉ねぎを炒め、透き通ってきたらレンズ豆、パプリカ、米を加えて炒める。
米が透き通ってきたら水、塩、あさりを加え、蓋をする。沸騰したら弱火にして15分炊く。パセリを散らし、蓋をして再び15分蒸らす。
具が混ざるようにさっくり混ぜる。

あさりの砂出し

あさりは平たいバットなどに並べ、海水程度（約2%）の塩水につけて新聞紙などで覆って暗くして砂出しをする。このとき、あさりは塩水より少し出ている程度にす

る（かぶるほどの塩水を入れると、あさりが息ができずに死んでしまうため）。

ポイント
† 炊飯器で炊く場合は、米を炒めたあと、炊飯器に移して水、塩、あさりを入れて普通に炊く。
† 炊き上がったピラフは切るように混ぜると米粒がつぶれない。

夏 「カレーオイル」の次の日
とうもろこしのサブジ
.... P.132

材料（2～3人分）
とうもろこし……1本
「カレーオイル」……大さじ1
塩……ひとつまみ
水……大さじ2

作り方
とうもろこしは皮をむいて2～3cm幅の輪切りにする。
中華鍋に「カレーオイル」を入れ、とうもろこし、塩を入れてひと混ぜしたら水を加えて蓋をする。ときどき蓋をとってかき混ぜながら、水分がほとんどなくなるまで中火で蒸らし炒めする。

ポイント
† 中華鍋で蒸らし炒めすると、少ない調味料で味がよく回る。ない場合はできるだけ小さめのフライパンで、水の量を少しだけ増やすとよい。
† 「カレーオイル」はスパイスが沈殿するので、よくかき混ぜてから加える。

夏 「桃と生ハム」の次の日
ズッキーニと生ハムのスープ

材料（2人分）
ズッキーニ……1/2本
生ハム……1枚
鰹昆布出汁……300cc
EXVオリーブオイル……適量

作り方
ズッキーニは5mm厚さの輪切りにする。
鍋に出汁を入れて火にかけ、ズッキーニを柔らかくなるまで煮る。
器にズッキーニとスープを入れ生ハムを適当な大きさにちぎって加え、EXVオリーブオイルを少したらす。

ポイント
† 味付けは生ハムの塩分とコクのみで。
† スープが熱いうちに生ハムを入れると味が出やすい。
† 和風の出汁が、生ハムとEXVオリーブオイルの風味で洋風になる。

🌞「桃と生ハム」の次の日
桃とバナナのジャム タイムの香り

材料（作りやすい分量）

桃……200g（1個ほど）
バナナ……70g
レモン汁……大さじ1
砂糖……80g
タイム……1本

作り方

桃は皮をむいて1.5cm大に切る。バナナはフォークなどでつぶしておく。
鍋に桃とバナナを入れてレモン汁をかけ、砂糖を加えて混ぜ、1時間ほどそのままで置いておく。
中火にかけ、アクを取りながら落とし蓋をして10〜15分ほど煮る。桃がくったりしてバナナが溶けるほどになったら火を止める。煮沸消毒した瓶に水気をよく拭いたタイムを入れ、その上からジャムを熱いうちに入れて蓋をする。

ポイント

† 果物に砂糖をまぶして1時間ほど置くと、砂糖の浸透圧でじんわり果汁がしみ出てくるのでさっと短時間で煮える。
† タイムの水分はきっちり拭いておく。残っていると保存がきかない。

🌞「レンズ豆のマリネ」の次の日
レンズ豆のクレープ

材料（2人分）

薄力粉……100g
砂糖……15g
塩……ひとつまみ
卵……1個
牛乳……200cc
「レンズ豆のマリネ」の残り……30g
植物油……適量

作り方

ボウルに薄力粉、砂糖、塩を入れて泡立て器でよく混ぜる。溶き卵と牛乳を合わせ、ボウルに少しずつ入れながら混ぜる。レンズ豆を加えて混ぜ、生地を冷蔵庫で1時間からひと晩ほど休ませる。
生地をざっと混ぜ、フライパンに薄く油をひいてお玉1杯分ほどを回し入れ、薄く円形にのばして中火弱で両面焼く。
皿に盛り、好みで砂糖（分量外）をふって、その上からレモン汁（分量外）をかけて食べる。

ポイント

† 薄力粉、砂糖、塩を泡立て器で混ぜると空気も入る。
† 生地はすぐに焼いてもよいが、1時間ほど休ませるとはりが出る。
† 砂糖とレモンの組み合わせはさっぱりしている。好みでハチミツ、バター、ジャム、なんでも合う。

🍂「秋刀魚の焼き浸し」の次の日
秋刀魚と香菜の生春巻き
.... P.133

材料

生春巻きの皮……適量
「秋刀魚の焼き浸し」の残り

作り方

生春巻きの皮を水に通し、布巾などの上で柔らかく戻す。
皮に香草類を適当にのせ、秋刀魚をひと切れ、浸し汁の人参や玉ねぎのスライスも少しのせて手前から巻いていく。
中身に充分味がついているので、何もつけずにそのまま食べられる。

🍂「焼きチョコプリン」の次の日
白豆腐のあんかけご飯
.... P.133

材料

「焼きチョコプリン」の残りの卵白
　　……2個分
鶏ひき肉……100g
A｜塩……小さじ1/4
　｜しょうが（すりおろす）……大さじ1/2
絹ごし豆腐……250g
植物油……大さじ1/2
酒……大さじ2
鰹と昆布の出汁……400cc
薄口醤油……大さじ1/2
塩……適量
水溶き片栗粉
（片栗粉大さじ1を水大さじ2で溶いたもの）
ご飯……適量

作り方

鶏ひき肉にAをもみ込んでおく。
鍋に油をひいて鶏ひき肉を炒める。酒を入れてざっと混ぜ、出汁を注いで沸騰したらアクをとり、中火にする。
豆腐を手で割り入れ、豆腐が温まったら、薄口醤油と塩で味を調える。
水溶き片栗粉を加えて混ぜ、とろみがついたら溶きほぐした卵白を細く流し入れて、ひと呼吸おいてから軽く混ぜる。
器にご飯を盛り、あんをかける。好みで、すりおろしたしょうがや黒七味をかける。

ポイント

† 片栗粉でとろみをつけてから卵白を入れるとふんわり仕上がる。

秋 「きのこと栗の香り煮」の次の日
きのこと栗のパスタ
P.134

材料（1人分）
スパゲティー……70g
「きのこと栗の香り煮」の残り
　……140gほど
ナンプラー……小さじ1/2
EXVオリーブオイル……適量

作り方
スパゲティーは1％の塩加減（分量外）の熱湯でゆでる。
「きのこと栗の香り煮」は大きめのボウルに入れ、布巾や鍋つかみで持ってスパゲティーをゆでている鍋の上で1分ほど温める（きのこと栗がほんのり温まる程度）。スパゲティーがゆで上がったら湯を切ってボウルに加え、ナンプラー、EXVオリーブオイルを入れてよく混ぜ合わせる。

ポイント
† 「きのこと栗の香り煮」を温めたボウルにスパゲティーを入れて和えるぐらいがちょうどよい。
† 好みですだちをしぼってもよい。

秋 「洋梨のコンポート」の次の日
フレンチトースト

材料（1人分）
食パン（6枚切り）……1枚
（フランスパンなら5cm厚さのななめ切りで2枚）
A　卵……1個
　　牛乳……100cc
　　「洋梨のコンポート」の煮汁
　　　……25cc
砂糖……大さじ1
植物油……少々

作り方
Aを合わせてよく溶き混ぜた液を保存容器などに入れ、パンを入れる。ときどき返しながらひと晩置いて卵液をしみ込ませる。
フライパンに油を薄くひき、パンを弱火でじっくり焼く。片面に焼き目がついたら砂糖をまんべんなくふって裏返し、蓋をしてじっくり焼いて皿に盛る。「洋梨のコンポート」が余っていたら一緒に添える。
甘みがもう少し欲しいときはメープルシロップをかける。

ポイント
† パンはひと晩ほど浸すと卵液が全体によくしみ込む。
† 裏返すときに砂糖をふるとキャラメル状に焼け、香ばしさが加わる。

㊗ 「秋のミネストローネ」の次の日
秋野菜のけんちんそば

材料（1人分）
「秋のミネストローネ」の残り……500g
薄口醤油……大さじ1弱
塩……適量
そば……1人分

作り方
鍋に「秋のミネストローネ」を入れて温め、薄口醤油と塩で味を調える。
ゆでたそばを器に盛り、「秋のミネストローネ」を上からかける。好みで黒七味や七味をかける。

ポイント
† 汁気が足りなければ、鰹と昆布の出汁を足す。

149

買い物リスト　＊は代用可能な材料

冬の皿 ONE PLATE OF WINTER

野菜・果物・ハーブ
- [ ] サラダ用の葉っぱ……両手のひらに山盛り（マスタードリーフ、ルッコラ、わさび菜など、ぴりっとしたものも数種あるとよい）
- [ ] 赤キャベツ……1/4個
- [ ] 紅芯大根……1個
- [ ] ロマネスコ……1株
    ＊カリフラワー……1株
- [ ] 長ねぎ……3本
- [ ] かぶ……4個
- [ ] タイム……10本
- [ ] ローズマリー……4本
- [ ] レモン……2個
- [ ] 紅玉……3個
- [ ] キウイフルーツ……1〜2個
- [ ] いちご……100g

肉・魚
- [ ] 豚肩ロースブロック……500g

乳製品・卵
- [ ] モッツァレラチーズ……1個
- [ ] パルミジャーノ・レジャーノ……15g
- [ ] 生クリーム……200cc
- [ ] 牛乳……100cc

豆・スパイス・ナッツ類
- [ ] 紫花豆（乾燥した状態で）……50g
- [ ] シナモンスティック……3本
- [ ] バニラビーンズ……1/4本
    ＊バニラエッセンス少々
- [ ] ローリエ
    ……生なら4〜5枚、乾燥なら2枚
- [ ] 生くるみ……10粒くらい

その他
- [ ] 黒米……30g
- [ ] クスクス……適量
- [ ] ご飯……軽く茶碗1杯分
- [ ] 板ゼラチン……2.5g
- [ ] 白ワイン……50cc

調味料として

塩、胡椒、EXVオリーブオイル、砂糖、バルサミコ酢、シェリービネガー、白ワインビネガー、有塩バター

春の皿 ONE PLATE OF SPRING

野菜・果物・ハーブ

- ☐ 新じゃがいも……250g
- ☐ じゃがいも（男爵）……150g
- ☐ 筍……150g（ゆでた状態で）
- ☐ アスパラ……好きなだけ
- ☐ ルッコラ……好きなだけ
- ☐ 空豆……10さや
- ☐ 人参……1本
- ☐ えんどう豆（グリーンピース）
  ……200g（さやからはずして）
- ☐ 春キャベツ……1/2個
- ☐ 甘夏……1/2個（しぼり汁で大さじ2）
- ☐ バナナ……100g
- ☐ レモン……2個
- ☐ パセリ……1株
- ☐ セージ……8枚
- ☐ ローズマリー……8本

肉・魚

- ☐ アンチョビフィレ……2切れ
- ☐ 鶏骨付きもも肉……1本
- ☐ スペアリブ……4本

乳製品・卵

- ☐ 卵……好きなだけ（半熟卵とチーズの
  ソース）＋4個（バナナとローズマリー
  のシフォンケーキ用）
- ☐ パルミジャーノ・レジャーノ……35g
- ☐ 牛乳……20cc

豆・スパイス・ナッツ類

- ☐ ドライトマト……15g
- ☐ 塩漬けケーパー……小さじ1
  ＊酢漬けケーパー……小さじ1
- ☐ レンズ豆……60g
- ☐ コリアンダーシード……小さじ3
- ☐ クミンシード……小さじ2
- ☐ フェヌグリーク……小さじ1
  ＊クミンシード……小さじ1
- ☐ 赤唐辛子……1本
- ☐ レーズン……15g

その他

- ☐ 強力粉……40g
- ☐ 薄力粉……80g

その他に香味野菜

玉ねぎや人参などひとつかみ
（チキンスープ）

調味料として

塩、EXVオリーブオイル、砂糖、
白ワインビネガー、有塩バター、

夏の皿 ONE PLATE OF SUMMER

野菜・果物・ハーブ

- □ かぼちゃ……1/8個
- □ ズッキーニ……1本
- □ 茄子……5本
- □ フルーツトマト……4個
- □ トマト……4個
- □ きゅうり……1本
- □ セロリ……1/2本
- □ パプリカ……2と1/2個
- □ 玉ねぎ……1/4個
- □ レモン……1個（レモン汁で大さじ2）
- □ にんにく……3片
- □ イタリアンパセリ……10本
- □ タイム……8本
- □ ローズマリー……4本
- □ 桃……1個
- □ スイカ……120g（正味）
- □ メロン……1/2玉

肉・魚

- □ 生ハム……8枚
- □ ラムラック（ラムの骨付きロースのブロック）……700〜800g（8本）
  - ＊ラムチョップ……2本

乳製品・卵

- □ ヨーグルト（無糖）……100g
- □ 生クリーム……40g

豆・スパイス・ナッツ類

- □ レンズ豆……120g
- □ カルダモンシード……2粒
- □ コリアンダーシード……小さじ1/2
- □ クミンシード……大さじ1弱
- □ カレー粉……小さじ2
- □ 赤唐辛子……1〜2本
- □ 白胡麻ペースト……小さじ1/2
- □ バニラビーンズ……2cm分

その他

- □ パン……20g
- □ カッペリーニ……160g
- □ 棒寒天……4g
- □ 米ぬか……ひとつかみ

調味料として

塩、粗塩、EXVオリーブオイル、砂糖、白ワインビネガー、バルサミコ酢

秋の皿 ONE PLATE OF AUTUMN

野菜・果物・ハーブ
- ☐ 栗……10個
- ☐ しいたけ……12枚
- ☐ しめじ……2パック（約180g）
- ☐ れんこん……1節
- ☐ 人参……1本
- ☐ 玉ねぎ……3/4個
- ☐ 長ねぎ……20cm
- ☐ 大根……10cm（200g）
- ☐ マッシュルーム……8個
- ☐ ごぼう……1本（150g）
- ☐ かぼちゃ……150g
- ☐ 香菜、ディル、クレソンなど
      ……適量
- ☐ 食用菊……適量
- ☐ にんにく……2片
- ☐ レモン……1/2個（レモン汁で大さじ1）
- ☐ ローズマリー……2本
- ☐ 洋梨……2個

肉・魚
- ☐ 秋刀魚……3尾
- ☐ 鴨胸肉……1枚（400g）

乳製品・卵
- ☐ 牛乳……580〜600cc
- ☐ 生クリーム……100cc
- ☐ 卵……5個（全卵3個、卵黄2個）

豆・スパイス・ナッツ類
- ☐ 白いんげん豆（小粒のもの）……100g
- ☐ 赤唐辛子
      ……1本＋(輪切り)大さじ2/3
- ☐ クローブ……2本
- ☐ シナモンスティック……2本
- ☐ 八角……1個
- ☐ 陳皮……少々
- ☐ ナツメグパウダー……小さじ1/4
- ☐ カルダモン……3粒
- ☐ バニラビーンズ……5cm

その他
- ☐ 新米……2合
- ☐ 赤ワイン……200cc
- ☐ ラム酒……小さじ1
- ☐ ココアパウダー……30g

調味料として
塩、粗塩、胡椒、EXVオリーブオイル、砂糖、酒、ナンプラー、酢、バルサミコ酢、無塩バター

Wine List

『One Plate of Seasons　四季の皿』には、季節や食材、料理のイメージに合わせて、ジェロボアムのソムリエ安藤博文さんにワインを選んでいただきました。皆さんの食卓でのワイン選びのご参考までに、四季のワインリストを付記します。

※このリストは2010〜2011年のものです。生産量などの理由から現在は入手できない銘柄もありますので、あらかじめご了承ください。

冬の皿　One Plate of Winter

Blanc（白）

シャンテ プティ・シャルドネ
Chanter Petit Chardonnay
2008年／日本
㊛ ☆★☆☆☆ ㊙
㊟ ★★★☆☆ ㊋

熟れたような洋梨やアカシアの花、バニラ風味のヨーグルトのような香り。健康的な果実味と樽熟成の効果が絶妙なバランス。

Rouge（赤）

キャネー マスカットベリーA
Caney Muscat Bailey-A
2009年／日本
㊛ ★☆☆☆☆ ㊙
㊟ ★★☆☆☆ ㊋

りんごの果皮や木いちご、野バラの繊細な香り。果実の鮮度が生かされた辛口仕立て。日本の食卓の普段使いに最適なすっきりした味。

春の皿　One Plate of Spring

Blanc（白）

テュ・ブッフ　シャルドネ
Tue-Boeuf Chardonnay
2006年／フランス
㊛ ★☆☆☆☆ ㊙
㊟ ★★★☆☆ ㊋

エキゾチックな花の香りとスパイシーさを漂わせる独特なシャルドネ。

Rouge（赤）

デ・トゥール　ヴォークリューズ
Des Tours Vaucluse
2006年／フランス
㊛ ★☆☆☆☆ ㊙
㊟ ★★★☆☆ ㊋

さくらんぼのリキュールや野いちご、リコリスの香り。体にしみ込むような優しい質感と、エレガントでピュアな味わい。

夏の皿 ONE PLATE OF SUMMER

BLANC（白）

リカール　ムスー
Ricard Mousseux
2008年／フランス
㊀ ★☆☆☆☆ ㊉
㊁ ★★☆☆☆ ㊂

優しい泡立ちの素朴な微炭酸入りの白。柑橘類の果皮や白桃、青いハーブの爽やかなアロマ。

ROUGE（赤）

クラパス　ジャヴァ
Les Clapas Java
2008年／フランス
㊀ ★☆☆☆☆ ㊉
㊁ ★★☆☆☆ ㊂

熟れた山桃の風味ときれいな酸味が魅力。冷やして飲むと果実感が増して美味しい。

秋の皿 ONE PLATE OF AUTUMN

BLANC（白）

アヴィトゥス　シュナン・ブラン
Avitus Chenin Blanc
2007年／フランス
㊀ ★☆☆☆☆ ㊉
㊁ ★★★☆☆ ㊂

ロワールのモンルイ村の、シュナン・ブラン種を低温発酵の後、樽熟させたもの。洋梨やアカシア、ナッツの風味。

ROUGE（赤）

ロレ　ピノ・ノワール
Rolet Pinot Noir
2003年／フランス
㊀ ★☆☆☆☆ ㊉
㊁ ★★★☆☆ ㊂

淡い色調、軽快な酒質の素朴なピノ。野生の木いちごやスグリの香り、皮革のような熟成香に心地良い酸味。幅広い鶏料理によく合う。

取り寄せ先リスト　※この情報は2011年11月現在のものです。

ナッツ、スパイスなど	アリサンオーガニックセンター http://www.alishan-organics.com/Alishan2010_organics_jp/?page_id=547 EATALY http://www.eataly.co.jp/top/welcom.html
ドライトマト、 塩漬けケイパーなど 輸入食材	ポルコバッチョ http://www.porcobacio.info
チーズ	ナチュラルチーズ専門店 Fermier http://www.fermier.co.jp/
生ハム	OLTREVINO 0467-33-4872
ラムラック	グルメミートワールド http://www.gourmet-meat.com
鴨胸肉	有限会社ツムラ本店 http://www.aigamo.biz
製菓材料	cuoca http://www.cuoca.com
ワイン	Jeroboam http://www.jeroboam.jp

レシピの数字では表せない
食事の豊かさを感じて
楽しんでいただく道しるべになれば。

冷水希三子
KIMIKO HIYAMIZU

フードコーディネーター。
季節の味の組み合わせを大切にした料理は、絵を描くように色鮮やかで、
食べ物を五感で味わう楽しさを引き出す。
本書はアノニマ・スタジオでのイベント「四季の皿」
（2010年1〜10月）のレシピをもとに書籍化したもの。
著書に『おいしい七変化　小麦粉』（京阪神エルマガジン社）がある。

料理・スタイリング・文	冷水希三子
写真	日置武晴
アートディレクション	松田行正（マツダオフィス）
デザイン	山田知子（マツダオフィス）
編集	三谷葵、村上妃佐子（アノニマ・スタジオ）
試作校正	中山智恵
製版設計	千布宗治、石川容子（凸版印刷）
印刷進行	井坂智（凸版印刷）
用紙	奥秋真一（朝日紙業）

ONE PLATE OF SEASONS 四季の皿
著者／冷水希三子
2011年11月11日　初版第1刷　発行

発行人	前田哲次
編集人	谷口博文
	〒111-0051　東京都台東区蔵前2-14-14
	電話 03-6699-1064
	ファクス 03-6699-1070
	http://www.anonima-studio.com
発売元	KTC中央出版
	〒111-0051　東京都台東区蔵前2-14-14
印刷・製本	凸版印刷株式会社

内容に関するお問い合わせ、ご注文などはすべて上記アノニマ・スタジオまでお願いします。乱丁、落丁本はお取り替えいたします。本書の内容を無断で複製・転写・放送・データ配信などすることはかたくお断りいたします。定価はカバーに表示してあります。

ISBN978-4-87758-705-5　C2077
©2011 Kimiko Hiyamizu, Printed in Japan

アノニマ・スタジオは、
風や光のささやきに耳をすまし、
暮らしの中の小さな発見を大切にひろい集め、
日々ささやかなよろこびを見つける人と一緒に
本を作ってゆくスタジオです。
遠くに住む友人から届いた手紙のように、
何度も手にとって読み返したくなる本、
その本があるだけで、
自分の部屋があたたかく輝いて思えるような本を。